KB117035

생태의 시대와
DMZ

손안의 통일 ⑪

생태의 시대와 DMZ

: 지속 가능한 미래를 위하여

최재천 지음

통일부
국립통일교육원

이 책은 국립통일교육원과 열린책들이
함께 기획·제작했습니다.

손안의 통일

이 책은 실로 꿰매어 제본하는 정통적인 사철 방식으로 만들어졌습니다.
사철 방식으로 제본된 책은 오랫동안 보관해도 손상되지 않습니다.

이 책은 친환경 인증 용지에 콩기름 잉크로 인쇄했습니다.
표지 유니트 화이트 209g/㎡ **본문** 친환경미색지 95g/㎡ **면지** 뉴칼라 68 차콜색 128g/㎡

〈손안의 통일〉 시리즈를 발간하며

어느덧 찬바람이 느껴지는 12월입니다. 시간은 정직하게 흘러 올해도 어김없이 북한산 자락에 겨울이 찾아왔습니다. 움츠러드는 우리들의 마음을 따뜻하게 녹여 줄 소식들이 어서 찾아오기를 기다리지만, 팬데믹은 여전히 지속되고 있습니다. 그래도 마른 풀 시든 꽃 사이에서 새싹이 움트듯 언젠가는 일상으로 돌아가리라는 희망을 간직하고 있습니다.

지금 세계는 인류사적 대전환기에 직면해 있습니다. 코로나19로 인해 그 방향성과 속도를 예측하기가 더욱 어려워졌습니다. 시시각각 소용돌이치는 불안정한 국제정세를 지켜보며, 평화·통일 교육에 몸담은 입장에서 일상의 평화에 대해 생각해 보게 됩니다.

코로나 팬데믹 이전 우리가 누리던 일상은 과연 〈진정〉 평화로운 일상이었을까요? 우리는 분단 70여 년을 살아오면서 민주주의와 경제 성장, 문화 부흥 등 많은 것을 이루었지만, 이러한 성장 동력을 지속적으로 유지하고 희망찬 미래를 건설하기 위해서는 좀 더 〈완전한 평화〉가 필요합니다.

한반도의 완전한 평화와 항구한 번영을 염원하는 마음으로 올해도 〈손안의 통일〉 시리즈를 발간합니다. 이번 〈손안의 통일〉 역시 인문학적 관점에서 평화·통일을 생각해 볼 수 있도록 생태·여행·영화 등 우리의 삶과 밀접한 주제를 선정했습니다. 이 작은 책이 여러분 삶의 자리 가까운 곳에서 끊임없이 통일에 대해 일깨우고, 평화를 염원하며 창조적 미래를 꿈꾸게 하는 길잡이가 되길 바랍니다.

평화로운 한반도에 대한 상상과 희망이 끊어지지 않고 계속해서 이어진다면, 언젠가 우리는 그 길을 따라 그곳에 도달할 수 있을 것입니다. 〈손안의 통일〉이 그 길을 밝힐 수 있는 길잡이가 되기를 바랍니다. 경험해 보지 못했던 지난 2년의 길고 단절된 차가운 시간이 언젠가 끝나리라는 희망

처럼, 이 책을 읽는 독자들의 마음에 진정한 평화·통일을
향한 희망이 굳건하게 자리 잡기를 바랍니다.

감사합니다.

2021년 12월

국립통일교육원장 백준기

차례

두 동굴 이야기

1859년에 출간돼 2억 부 이상 팔린 찰스 디킨스의 소설『두 도시 이야기』는 다음과 같이 시작한다. 〈최고의 시절이자 최악의 시절이었으며, 지혜의 시기이자 어리석음의 시기였다. 믿음의 시대이자 불신의 시대였으며, 빛의 계절이자 어둠의 계절이었다. 희망의 봄이자 절망의 겨울이었다. 우리 앞에는 모든 것이 있었지만 한편으론 아무것도 없었다. 우리는 모두 천국을 향해 가고자 했지만 거꾸로 가고 있었다.〉

디킨스는 파리와 런던을 무대로 삼아 이야기를 펼쳤다. 나는 그 옛날 우리가 수렵·채집 생활을 하던 시기에 동굴에 살던 두 가족 이야기로 이 책을 시작하려 한다.

『두 도시 이야기』가 소설인 것과 마찬가지로 여기서 내가 그리는 두 가족의 시나리오도 다분히 극적으로 대비시켜 지어낸 이야기다. 한 가족은 요즘 우리가 많이 쓰는 표현을 빌리자면 〈지속 가능한 미래〉를 위해 주변 환경을 잘 보전하며 살고 있고, 반면 다른 가족은 환경에 미치는 영향 따위는 아랑곳하지 않고 오로지 편리하고 풍요로운 삶을 추구한다. 그 결과, 첫 번째 가족이 사는 동굴과 주변의 자연 환경은 청정하게 잘 보전되고 있었다. 문제는 그들의 생활이 지나치게 청빈하고 규범적이다 보니 그리 생산적일 수 없었다는 점이다. 주변 자연 생태계의 평형을 유지하려고 노력하다 보니 종종 식단이 풍성하지 못했다. 심지어 환경오염을 피하려다가 오히려 불행한 사건도 겪었다.

전기가 없던 그 시절 달도 없고 별도 없는 밤이면 그야말로 한 치 앞을 가늠할 수 없는 칠흑 같은 어둠이 내렸다. 한밤중에 갑자기 용변을 봐야 하는 맏손자가 동굴 밖으로 나갈 엄두를 못 내고 동굴 깊숙이 으슥한 곳을 찾아 들어가려는데 밤잠이 없는 할머니가 깨어나 묻는다.

「어딜 가냐?」

「예, 할머니, 갑자기 뒤가 마려워서요.」

「뒤가 마려운 놈이 왜 그리로 기어 들어가냐? 밖에 나가서 누고 와라.」

「예, 할머니…….」

그날 밤 맏손자는 끝내 돌아오지 못했다. 얼마 뒤에는 엄마가 밤중에 맹수의 공격을 받아 숨졌다. 그 가족은 영양 상태가 그리 좋은 편도 아니라서 자식을 많이 낳지 못했는데, 환경 보호의 규범을 준수하느라 종종 참변을 겪으며 살고 있었다.

반면 다른 동굴에 사는 두 번째 가족은 골치 아픈 규범 따위에 얽매이지 않았고, 그저 내키는 대로 편안하게 삶을 영위했다. 잡을 수 있는 동물은 무엇이든 잡아먹고 열매나 채소도 닥치는 대로 거둬들여 먹어치웠다. 음식 쓰레기와 분변이 동굴 곳곳에 쌓여 있고 쥐를 비롯해 파리와 바퀴벌레가 득시글거렸다. 이윽고 가족들은 불결한 환경과 냄새를 탓하며 불평을 늘어놓기 시작했다. 그러던 어느 날 한나절 마실 다녀온 할아버지가 돌연 이사를 가자고 제안했다. 그리 멀지 않은 곳에 좋은 동굴을 찾았다는 것이었다. 그 당시엔 요즘처럼 이삿짐센터를 불러야 할 만큼 가구나 생활 집기가 있는 게 아니었다. 이사를 간다고 하면, 그저 온 가족이 그냥 앉아 있던 자리에서 일어나 툭툭 털고 옮기면 되는 일이었다. 그들이 버려두고 간 조개무지를 요즘 고고학자들이 뒤지며 그들의 삶을 연구한다.

스스로에게 한번 질문해 보자. 나는 과연 이 두 가족 중

어느 쪽 자손일까? 자연 보호의 고귀한 철학을 갖고 청빈한 삶을 살았던 첫 번째 가족의 후손일까? 아니면 더럽고 지저분하고 몰지각한 두 번째 가족의 후손일까? 적이 자존심 상하겠지만 여러분은 거의 모두 두 번째 가족의 후손들이다. 첫 번째 가족은 자손을 많이 남기지 못했다.

내가 하버드 대학교에서 박사 과정을 밟던 어느 날 지도교수인 에드워드 윌슨Edward Wilson 교수가 당신의 새 책『바이오필리아Biophilia』의 핵심 개념에 대해 우리에게 다음과 같이 설명했다. 당시 인기 있던 디즈니 만화영화「아기 사슴 밤비」를 예로 들며 동물들의 새끼를 사랑스럽다고 생각하지 않는 사람이 없는 걸 보면 우리 인간에게는 모든 생명을 사랑할 수밖에 없는 선천적 성향이 있다는 것이었다. 윌슨 교수는 그 성향을 〈생명bio 사랑philia〉이라고 규정했다. 그런데 그 자리에서 나는 순종적인 동양 학생답지 않게 반론을 제기했다. 나는 우리 인간에게 다른 생명을 소중하게 여기는 심성이 본능 수준으로 준비돼 있을 것 같지 않다고 생각했다. 인간은 그 누구보다 자연을 잘 이용할 줄 알았기 때문에, 좀 더 노골적으로 표현하면 그 어느 다른 동물보다 자연을 더 잘 착취할 줄 알았기 때문에 오늘날 만물의 영장이 된 것이지 다른 동물들에게 양보하거나 그들과 자원을 기꺼이 공유했기 때문에 이런 성공을 거둔 게 아니라고 주장했다. 인간은 내버려두면 끊임없이 자연을 망가뜨릴 것이므로 〈생명 사랑〉보다 오히려 〈생명 파괴〉의 성향이 우리 유전자에 새겨져 있을 것이라고 역설했다.

그 후 나는 한동안 윌슨 교수님 눈 밖에 나서 적지 않은 고생을 감수해야 했지만 지금도 나는 내 논리가 훨씬 현실에 가까울 것이라고 생각한다.

게다가 수렵·채집 생활을 하던 시절에는 〈생명 사랑〉의 정신으로 무장한 채 주변 환경을 보호하며 살 필요가 없었다. 동굴 주변의 자연환경이 피폐해지면 버리고 새로운 동굴로 옮기면 그만이었다. 환경을 보호하느라 제대로 먹지도 못하며 쓸데없이 에너지를 낭비할 까닭이 없었다. 그러나 언제부턴가 우리에게는 더 이상 옮겨 갈 동굴이 없다. 이 한반도가 5천만 동포가 살기에 너무 비좁다고 해서 불쑥 캐나다 정부에다 조만간 우리가 그리로 이사를 가겠다고 통보할 수는 없는 노릇이다. 이제는 지금 살고 있는 동굴을 깨끗이 치우고 주변의 자연환경도 복원해 가며 살아야 한다. 우리 유전자 안에 없는 성향이라면 방법은 하나밖에 없다. 철저하게 연구하고 배워서 실천에 옮기는 것이다. 바로 이런 연구와 교육을 하자고 만든 학문이 생태학^{ecology}

이다.

20세기 전반부까지 생태학은 그저 관찰하고 기록하는 기술 과학descriptive science의 면모에서 벗어나지 못했다. 그러던 것을 1950년대에 이르면 너무 젊은 나이에 요절한 불세출의 생태학자 로버트 H. 맥아서Robert H. MacArthur와 그의 지도 교수였던 조지 에벌린 허친슨George Evelyn Hutchinson이 가설-연역 과학의 경지로 끌어올려 오늘에 이른다. 일찍이 다윈은 이론이 뒷받침되지 않은 관찰은 의미가 없다고 했는데, 특히 에드워드 윌슨과 맥아서가 개발한 섬생물지리학 이론theory of island biogeography(맥아서 & 윌슨, 1967)과 그로부터 파생되어 나온 많은 실험 결과들은 생태학이 가설-연역 과학으로 입지를 굳히는 데 중요한 역할을 했다. 한편 생태계 생태학ecosystem ecology은 F. E. 클레멘츠와 H. A. 글리슨의 천이succession 연구를 중심으로 발달하기 시작했다. 그 후 A. G. 탠슬리, R. L. 린드먼, 허친슨, 유진 P. 오덤, 진 E. 라이큰스 등의 연구를 통해 생태학은 진정한 정량 과학quantitative science으로 자리 잡았다.

20세기 후반부 동안 생태학은 대체로 진화 생태학과 생태계 생태학의 두 분야로 나뉘어 발달했다. 그러던 것이 환경오염, 서식지 파괴 등으로 인한 생물 다양성의 감소가 인류 생존에 심각한 위협 요소로 등장하면서 생태학은 더 이상 이른바 〈순수 과학〉의 영역에 안주할 수 없게 되었다. 이제 21세기의 생태학은 응용 생태학 또는 실용 생태학(펄먼 & 마일더, 2005)을 포용하여 명실공히 종합적이고 포괄적인 학문으로 발전하고 있다. 따지고 보면 생태학은 태생적으로 통섭적인 학문이다. 지금처럼 생물학과 혹은 생명과학부의 일부로 있을 게 아니라 자연과학과 정책학, 정치학, 경제학, 경영학, 지리학, 지역학은 물론, 철학과 윤리학까지 아우르는 단과대학으로 재구성하는 것이 훨씬 바람직해 보인다.

2002년 한국생태학회가 세계생태학대회(INTECOL)를 유치했을 때 나는 공동 조직 위원장으로 임명돼 기조 강연을 할 세계적인 생태학자들을 섭외하는 임무를 맡았다. 그때 내가 섭외해 모신 대가들 중에는 미국 록펠러 대학교 조엘 코언Joel Cohen 교수가 포함되어 있었다. 『문화일보』와 가진 인터뷰에서 〈생태학이 우리를 이 심각한 환경 위기에서 구해 줄 것인가?〉라는 사뭇 직설적인 기자의 질문에 그는 잠시 머뭇거리더니 다음과 같이 답했다. 〈생태학 혼자서 우리를 이 위기에서 구해 낼 수는 없을 것이다. 다만 생태학 없이는 불가능할 것이다.〉 걷잡을 수 없는 생물 다양성의 고갈, 기후 위기, 팬데믹 등을 겪으며 많은 사람들이 생태학의 중요성을 인식하기 시작했다. 바야흐로 생태학의 시대가 도래했다.

21세기를 여러 이름으로 규정할 수 있지만 캐나다 브리티시컬럼비아 대학교의 생태학자 찰스 J. 크렙스는 〈생태학의 시대The Age of Ecology〉라고 단언한다(2001). 그래서 그는 현대인이라면 누구나 생태학에 대해 어느 정도는 알아야 한다고 말했다. 생태학, 즉 에콜로지ecology라는 용어를 처음으로 소개한 학자는 독일의 진화 생물학자 에른스트 헤켈Ernst Haeckel로 알려져 있다. 그는 1866년 생태학을 〈생명체와 환경의 관계를 연구하는 종합적인 과학〉이라고 정의했다. 하지만 스틸링(1996)에 따르면 이 용어는 미국의 자연학자 헨리 데이비드 소로가 1858년 지인에게 보낸 편지에서 처음으로 사용했다.

하지만 용어가 만들어졌다고 해서 학문이 생겨난 것으로 볼 수는 없다. 생태학이 학문으로서 입지를 마련한 것은 19세기 말 덴마크의 식생물학자 에우게니우스 바르밍Eugenius Warming이 브라질에서 연구 집필한 생태학 교과서(1895)였다고 보는 견해가 많다(굿랜드, 1975). 생태학의 정의는 다양하지만 만일 헤켈의 정의를 받아들인다면 인간은 아마 그 존재의 역사 내내 생태학을 해왔을 것이다. 세계 곳곳에서 발견된 동굴 벽화나 암각화를 보더라도 우리 인간은 늘 〈생물과 환경의 관계〉를 관찰하며 살아온 게 분명하다. 허구한 날 마을 뒷산 너럭바위에 걸터앉아 초원을 내려다보며 동물들의 움직임을 관찰한 소녀는 사냥을 떠나는 아빠와 동네 아저씨들에게 해 질 무렵이면 영양들이 종종 산기슭 물웅덩이에 모여들어 물을 마신다고 귀띔해 준다. 그 덕에 사냥 효율이 오른다면 소녀 동물생태학자를 지닌 마을과 그렇지 못한 마을은 생존과 번식에서 분명한 차이를 보일 것이다. 집 주변에서 견과류를 채집하던 여성들도 정식 학위 과정을 밟지 않았을 뿐 거의 식물생태학의 주요 분야인 식물계절학plant phenology의 전문가였다. 생태학은 어쩌면 인류 역사에서 가장 오래된 학문 중의 하나일지 모른다.

1장

기후 위기와 지속 가능한 미래

1
주요 환경 문제와 발생 원인

나는 아름다운 고도 강릉에서 태어났다. 온 집안을 통틀어 홀로 대관령을 넘어 서울 생활을 시작한 아버지 덕에 학교는 모두 서울에서 다녔지만 방학이란 방학은 거의 깡그리 대관령 기슭과 동해 바닷가에서 보냈다. 강릉 비행장 확장 공사 때문에 지금은 휩쓸려 사라지고 없지만, 그때는 내가 태어난 바로 그 집이 늘 나를 기다리고 있었다. 뒤뜰의 자두나무도 내 혀 밑을 간질이며 기다리고 있었다. 자기가 태어난 강줄기를 찾아 그 먼 바다를 헤치며 돌아가는 연어들처럼 난 그렇게 늘 그곳으로 돌아가곤 했다. 당시에는 지금처럼 시원하게 고속도로가 뚫려 있는 것도 아니라서 강릉에 가려면 언덕길마다 숨넘어가듯 콜록거리는 시외버스를 타고 굽이굽이 대관령을 넘거나 완행열차를 타고 반나절 이상 태백산맥의 허리 밑을 돌아가야만 했다. 어려서부터

별나게 멀미가 심해 버스는 일찌감치 포기해야 했던 나는 방학이 시작되기 무섭게 그 이튿날 꼭두새벽이면 어김없이 서울역 개찰구에 줄을 서곤 했다.

나는 꿈속에서도 종종 그곳으로 돌아간다. 소나무 숲 가장자리를 휘몰아 돌아선 후 감나무 밑으로 걸어 올라가는 내 모습을 요즘도 1년에 꼬박 몇 번씩은 본다. 무엇이 날 끊임없이 그곳으로 잡아당기는 것일까? 무엇이 우리를 자꾸만 자연으로 돌아가게 만드는 것일까? 윌슨 교수에 따르면, 자연을 사랑하고 더불어 살고 싶어 하는 성향이 이미 우리 유전자 속에 있다. 그런데 그런 자연이 이제 우리 곁을 떠나려고 한다. 아니 우리가 그런 자연을 저만치 밀어내려 하고 있다.

방학이면 늘 개울에서 꾹저구(꺽저기)를 잡고 논에서 논병아리를 쫓던 나였기에 생물학을 하게 된 것은 어쩌면 운명이었는지도 모른다. 하지만 내가 생물학 중에서도 꼭 생태학 및 환경 생물학을 공부하기로 마음먹은 것은 대학 시절 친구들과 함께하던 독서 동아리에서 『로마 클럽 보고서』를 읽고 난 다음이었다. 어쩌면 나는 지금도 그 충격에서 벗어나지 못하고 있는지도 모른다. 더 이상 환경 보호가 중요하다는 것을 모르는 이는 없으리라. 이젠 어떻게 해야 환경을 보호할 수 있는가를 진지하게 연구해야 한다.

우리 사회는 요즘 이른바 님비NIMBY 현상이라 불리는 집단 이기주의로 인해 절룩거리고 있다. 환경 운동도 아주 가끔은 님비의 오류를 범한다. 생태학자로서 맞아 죽을 얘기인지도 모르지만, 환경 보호도 다 우리가 살려고 하는 짓이지 무작정 자연을 살리기 위해 우리가 죽을 수는 없는 노릇이다. 우리나라에 어느새 환경운동연합과 같은 힘 있는 시민단체가 생겨났다는 것은 참으로 자랑스러운 일이다. 이제 다음 단계는 성숙해지는 일이다. 그러자면 배워야 한다. 구호성 운동도 멈춰서는 안 되겠지만 이젠 기초 생태 연구에 힘을 기울일 때가 왔다.

환경 문제를 고발하는 기사들은 거의 어김없이 〈획기적인 대책이 없이는 불 보듯 뻔하다〉는 말로 끝을 맺는다. 자연 속에 어우러져 사는 것이 아니라 그것을 지배하려는 우리 인간의 오만한 사고방식, 경제 성장 제일주의의 근시안적 정책, 〈나만 살고 보자〉 식의 이기주의적 도덕관 등에 획기적인 변화가 일어나지 않는 한 지구 생태계의 미래는 그야말로 불 보듯 뻔하다. 환경 문제는 이제 더 이상 물러설 곳 없는 벼랑 끝에 서 있다. 새로운 의식 구조에 입각한 획기적인 정책이 절실한 때다.

본격적인 환경 파괴는 서구 선진국에서 시작되었지만 현재는 저개발국이나 개발도상국들에서 더욱 심각한 문제로 등장하고 있다. 선진국은 이미 문제의 심각성을 파악하고 해결책을 모색하기에 이르렀고 그럴 수 있는 경제력을 갖추고 있으나, 후진국에서는 아직도 개발이 보존에 비해 절대적으로 중요하게 취급되기 때문이다. 우리나라도 이제는 바야흐로 선진국 대열로 발돋움하려는 즈음이라 환경 문제의 심각성을 깨닫고 합리적이고 신속한 대책을 세워야 한다.

　지금 인류와 지구 생태계가 겪고 있는 환경 문제는 크게 [표 1]의 일곱 가지로 나눌 수 있다.

　우리가 겪고 있는 이 같은 환경 문제의 원인을 분석해 보면 ① 인구 증가, ② 화석 연료의 무절제한 사용, ③ 자원의 과다한 사용과 낭비, ④ 공유 자원의 남용과 파괴, ⑤ 분배의 불균형, ⑥ 환경 파괴적 자본주의 경제 체제, ⑦ 자연을 정복하려는 인간의 의지와 능력 등 다양하지만, 이 모든 원인의 궁극에는 지나치게 성공한 우리 자신이 버티고 서 있다. 「창세기」 제1장은 하느님께서 우리 인간을 만드신 후, 〈생육하고 번성하여 땅에 충만하라, 땅을 정복하라, 바다의 고기와 공중의 새와 땅에 움직이는 모든 생물을 다스리

① 기후 변화	세계 기상 변화, 빈번한 극한 기후, 대기권 오존층 파괴, 빙하와 동토층 융해, 해수면 상승, 감염성 질환의 증가, 산불
② 생물 다양성의 고갈	서식지의 파괴, 서식지의 저질화, 멸종, 생물 개체 수 감소
③ 대기 오염	도시 대기 오염, 미세 먼지, 유해 바이러스의 전파·확산, 육상과 해양의 산성화, 실내 오염원
④ 수질 오염	퇴적물, 부영양화, 독성 화학 물질, 수인성 전염병, 산소 결핍, 살충제, 기름 유출, 식수 부족
⑤ 식량 문제	과다 방목, 농지 유실 및 저질화, 습지 유실 및 저질화, 어류 남획, 해안 오염, 토양 유실, 물 부족, 생물 다양성의 감소
⑥ 쓰레기	고형 폐기물, 독성 폐기물, 미세 플라스틱, 매립
⑦ 일반적 환경 파괴	소음 공해, 빛 공해, 토지 이용도 변화

[표 1] 인류와 지구 생태계가 겪고 있는 환경 문제

라〉하셨다고 전한다. 「창세기」 9장에도 방주를 만들어 대
홍수에서 살아남은 노아와 그 아들들에게 하느님께서는
또다시 복을 내려 주시며 이르시되 〈생육하고 번성하여 땅
에 충만하라. 땅의 모든 짐승과 공중의 모든 새와 땅에 기

는 모든 것과 바다의 모든 고기가 너희를 두려워하며 너희를 무서워하리니 이들은 너희 손에 붙이웠음이라〉 하신다. 하느님이 이르신 대로 우리 인간은 농업의 개발과 산업혁명으로부터 시작된 기계 문명의 발달에 힘입어 성공적으로 생육하고 번성하여 급기야는 실로 이 땅에 충만하기에 이르렀다.

DNA 분석 결과에 의하면 인간과 침팬지가 공동 조상으로부터 분화된 것은 지금으로부터 불과 600만 년 전의 일이다. 600만 년이란 시간은 진화의 관점에서 보면 그리 긴 시간이 아니다. 지구의 역사를 하루에 비유한다면 1분도 채 되지 않는 짧은 시간이다. 현생 인류가 탄생한 것은 그보다도 훨씬 최근인 15만 내지 23만 년 전의 일이고 보면 인간은 그야말로 순간에 창조된 동물이라 해도 과언이 아니다. 그 짧은 기간 동안 인류의 조상은 열대림을 떠나 초원과 교목림으로 나와 두 발로 걸어 다니며 살게 되었지만 지금으로부터 1만여 년 전까지는 수적으로 지극히 평범한 한 종의 영장류에 지나지 않았다. 인류는 불과 1만 년 남짓의 지극히 짧은 시간에 농업혁명과 산업혁명을 일으키며 오늘날 이렇게 엄청난 기계 문명 사회를 이룩하게 되었다. 그리고 그 수가 이미 70억을 넘어 80억을 향해 질주하고 있다.

인간이 평범한 한 종의 영장류에서 오늘날 지구를 지배하는 〈만물의 영장〉이 될 수 있었던 것은 바로 주변 환경을 능동적으로 변화시키고 자원을 효율적으로 개발할 줄 아는 능력 때문이었다. 따라서 역설적으로 들릴지 모르지만 인간은 환경을 파괴하게끔 진화한 동물이다. 다른 어떤 동물들보다도 훨씬 더 효과적으로 환경을 이용할 줄 아는 가장 막강한 경쟁력을 지닌 동물이다. 다만 우리의 경쟁 상대가 이제 더 이상 그 어느 다른 동물이 아니라 우리 자신일 뿐이라는 데 우리의 고민이 있다. 우리 스스로 규제하지 않으면 하나밖에 없는 이 행성에서 살아남을 수 없다. 그 옛날 석기시대에는 주변 환경을 깨끗이 유지하려고 공연한 시간 낭비를 할 필요가 없었다. 살던 동굴이 더러워지면 다른 동굴로 옮겨 가면 그만이었다. 그러나 이젠 그리 쉽사리 옮겨 갈 수가 없다. 우리나라가 너무 비좁고 복잡해 살기 어려우니 어느 날 우리 모두 캐나다로 이사 가기로 결정한다고 해서 캐나다의 쥐스탱 트뤼도 총리가 두 팔 벌려 환영할 리 없다. 이제는 우리가 살고 있는 이곳에서 오래도록 살아남는 법을 터득해야 한다.

어떤 학자들은 과학 기술의 발달로 황폐해진 자연과 상

관없이 완벽한 인간만의 공간을 만들 수 있을 것이라고 믿는다. 세계적인 물리학자 프리먼 다이슨Freeman Dyson이나 스티븐 호킹Stephen Hawking은 우리가 곧 우주를 개발하게 되면 많은 사람들이 그곳으로 이주하여 살게 될 것이라고 예언했다. 철저하게 물리학자다운 생각이다. 생태학자인 내 생각은 다르다. 얼마 전 천문학적인 돈을 내고 민간인으로는 처음으로 우주여행을 다녀온 억만장자가 있었다. 미국에는 발 빠르게 우주여행 상품을 개발한 여행사에 이미 엄청나게 많은 사람들의 신청이 밀려들고 있다고 한다. 나도 기회만 주어진다면 죽기 전에 우주여행을 한 번쯤은 해보고 싶다. 하지만 여행으로 족할 것 같다. 나더러 저 어느 우주의 행성으로 이사를 가겠느냐고 물으면 천만의 말씀이라며 황급히 거절할 것이다. 우주여행 신청을 해놓은 그 많은 억만장자들도 나와 생각이 같으리라 믿는다. 그 옛날 영국 사람들이 주로 죄인들을 오스트레일리아로 보냈듯이 아마 실제로 〈우주 단지〉가 개발되면 이른바 〈가지지 못한 자〉들이 먼저 밀려갈 것만 같다. 모든 편의시설이 완벽하게 갖춰진 쾌적하고 널찍한 실내에서 큰 유리창을 통해 그야말로 이국의 정취가 물씬 풍기는 광활한 우주의 평원을 내다보며 즐길 수 있다 하더라도 나는 싫다. 새들이 날아와

창가에 앉지도 않고 풀벌레도 울지 않는 그곳이 아무리 기가 막힌 곳이라도 나는 가고 싶지 않다. 아무리 철저하게 문단속을 해도 어디로 들어오는지 비집고 들어와 내 달콤한 잠을 앗아 가는 모기들이 있는 이 지구가 나는 더 좋다. 모기들의 앵앵거리는 소리 뒤에 소쩍새와 귀뚜라미가 있다는 걸 알기 때문이다.

2
기후 위기와 생물 다양성 고갈

그동안의 환경 문제들은 아무리 끔찍하고 치명적이었더라도 모두 국지적으로 일어난 현상이었다. 2001년 줄리아 로버츠가 열연해 아카데미 여우주연상을 수상한 영화 「에린 브로코비치」가 고발한 지하수 오염 사건은 미국 캘리포니아주 힝클리에 설치한 천연가스 냉각 시스템의 부식을 방지하기 위해 사용한 냉각수의 6가크롬hexavalent chromium 이 인근 연못으로 유출돼 주민들이 온갖 장기에 암을 얻어 시름시름 죽어간 사건이었다. 다른 악명 높은 사례로 〈러브 커낼Love Canal 오염 사건〉이 있었다. 미국의 사업가 윌리엄 러브가 파산한 뒤 방치한 거대한 웅덩이에 후커 케미컬 Hooker Chemical이 1942년부터 1950년까지 무려 2만 2천여 톤의 산업 폐기물을 매립했다. 시간이 지나면서 온갖 유해 물질이 주변 생태계로 스며들었고 결국 학교와 주택가로 분출되며 벌어진 사건이었다. 미국 뉴욕주의 나이아가라 폴스 인근에서 벌어진 일이었다. 끝내 인간에게도 엄청난 불행을 안겨 주었다.

고양이들이 거품을 뿜으며 미친 듯이 뱅뱅 도는 바람에 일명 〈춤추는 고양이 병〉이라 불리는 미나마타병Minamata disease은 1952년 일본 규슈의 작은 어촌 마을 미나마타에서 발생한 끔찍한 사건이었다. 멀쩡히 하늘을 날던 새들이 돌연 땅으로 곤두박질치더니 이윽고 손발이 마비되고 오한과 두통에 이어 시각과 언어 장애 등 각종 운동 장애를 겪는 주민들이 나타나기 시작했다. 발작을 유발하며 심하면 사망하기도 하고 많은 아기들이 사산되거나 기형으로 태어났다. 여러 해에 걸친 조사와 연구 결과 인근에 있는 신일본질소비료 공장에서 배출한 폐수에 함유되어 있던 수은이 먹이 사슬을 타고 어패류를 거쳐 새, 고양이, 인간에 이르면서 농도가 증가하는 전형적인 생물 농축bioaccumulation 현상이 일어난 것으로 밝혀졌다. 1973년까지 20년 넘도록 법정 투쟁을 벌이는 동안 모두 43명이 사망했고, 111명이 불치의 마비 증상을 안고 살았으며, 19명의 아이가 심각한 기형을 갖고 태어났다.

우리나라에서는 1991년 내내 언론을 뜨겁게 달군 낙동강 페놀 사건이 있었다. 1991년 3월 두산전자 구미 공장에서 발암 물질이자 신경계에 이상을 유발하는 유독성 화학 물질인 페놀 30톤이 유출되어 배수로를 통해 낙동강으로 흘러 들어간 사고가 발생했다. 회사는 책임을 회피하고 정부는 갈피를 잡지 못하는 가운데 기형아 출산을 두려워한 임산부들을 중심으로 대규모 시위가 벌어졌고, 결국 1993년 4월 전국 여덟 개 환경 단체가 한데 모여 환경운동연합이 출범하게 되었다. 그러나 낙동강에서 이런 난리가 나는 동안 한강과 금강은 멀쩡했다. 미나마타병과 러브 커낼 사건도 모두 지역적으로 벌어진 사건이었다. 태풍이나 홍수로 인한 피해도 그저 국지적으로 벌어졌을 뿐이었다.

그러다가 드디어 기후 변화라는 범지구적global 환경 문제가 일어났다. 기후 변화는 우리가 애써 그어 놓은 국경을 존중하지 않는다. 미국, 중국, 유럽연합, 한국 등이 토해 낸 온실 기체 때문에 애꿎게 투발루와 방글라데시가 바닷물에 잠기고 있다. 국경을 사이에 두고 환경오염 문제로 두 국가가 갈등 관계에 빠진 일은 있었어도 이처럼 전 지구적으로 저지른 국가들과 당하는 국가들이 선명하게 갈리는 경우는 일찍이 없었다. 그래서 각국의 정상이나 대표들이 뻔질나게 모이기는 하는데 솔직히 이렇다 할 진전을 보여

주지 못하고 있다. 그러다 보니 종종 젊은 세대에게 호된 질타를 받곤 하는 것이다. 2011년 남아프리카공화국 더반에서 열린 유엔 기후 변화 회의에서 캐나다 대학생 안잘리 아파두라이Anjali Apadurai가 회의에 모인 각국 대표들에게 던진 말이 가슴에 와닿는다. 「당신들은 내가 태어났을 때부터 지금까지 줄곧 협상만 하고 있습니다.」 2019년에 유엔 본부에서 열린 기후 행동 정상회의에서는 당시 열여섯 살의 스웨덴 소녀 그레타 툰베리Greta Thunberg가 매서운 눈빛으로 그곳에 모인 어른들을 향해 〈사람들이 고통 받고 있습니다. 죽어가고 있어요. 생태계 전체가 무너져 내리고 있습니다. 우리는 대절멸mass extinction이 시작되는 지점에 있습니다. 그런데 여러분이 할 수 있는 이야기는 전부 돈과 끝없는 경제 성장의 신화에 관한 것뿐입니다. 어떻게 감히 그럴 수 있죠?〉라고 질타했다. 툰베리는 모이기는 하지만 행동에 옮기지도 않으며 그저 말만 쏟아내는 각국 대표들에게 〈당신들에게는 우리의 미래를 망칠 권리가 없다〉며 기후 위기가 얼마나 시급한 일인지 인식하라고 호소했다.

간단한 생각 실험을 하나 해보자. 어느 작은 연못에 물벼룩 한 마리가 살고 있었다. 단위생식을 하는 이 물벼룩은 정오에 한 마리가 있었는데 1분에 한 번씩 번식해 12시 1분에는 두 마리, 2분에는 네 마리, 3분에는 여덟 마리로 늘더니 자정에는 결국 온 연못을 꽉 채우고 모두 죽고 말았다. 그렇다면 연못의 절반만 채워져 있을 때는 언제인가? 그렇다. 23시 59분이었다. 날로 심각해지는 연못의 환경 문제를 놓고 물벼룩들이 논쟁을 벌이기 시작했다. 한 물벼룩은 〈우리의 기술이 빠르게 발전하고 있으니 곧 해결책을 찾을 수 있을 것〉이라고 역설한다. 〈연못 전체가 곧 꽉 찰 것이라고 예측하기에는 아직 데이터가 충분하지 않다〉, 〈미래가 너무 불투명하여 어떤 행동을 취하기에는 아직 이른 것 같다〉 등등 의견이 분분하다. 하지만 시곗바늘은 이미 23시 50분을 넘고 있다.

기후 변화가 지구의 역사에서 시간이 흐르면 어쩔 수 없이 일어나는 자연 현상이 아니라 인간의 활동에 의해 일어난다는 것을 과학적으로 분석한 최초의 연구는 1824년 프랑스의 수학자이자 물리학자인 장바티스트 조제프 푸리에 Jean-Baptiste Joseph Fourier가 파리 왕립 과학 아카데미에 제출한 논문이었다. 그가 처음으로 설명한 대기 에너지 전도의 비대칭성은 훗날 〈온실 효과greenhouse effect〉로 명명되며 널리 알려졌다. 한편 이 현상을 처음으로 실험을 통해 입증해 낸 사람은 물리학자 존 틴들John Tyndall이었다. 틴들은 1859년

5월 18일 영국 왕립 연구소Royal Institution의 지하 연구실에서 수행한 실험에서 수증기, 이산화탄소, 아산화질소, 메탄, 그리고 오존 분자가 온실 효과를 일으키는 기체들이라는 최초의 증거를 얻었다. 흥미롭게도 그가 실험에 성공한 1859년은 다윈의『종의 기원』이 출간된 해이기도 하지만 미국 펜실베이니아 타이터스빌에서 최초로 상업적인 석유 채굴이 시작된 해이기도 하다. 석유 시대와 기후 변화 연구는 그 시작에서부터 묘하게 얽혀 있다.

지구 온난화의 실재 여부와 인간의 역할에 대해 음모론까지 제기하는 학자들을 나는 이해할 수 없다. 기후 변화의 역사적 주기성을 상기시킬 수는 있지만 최악의 시나리오 발생 가능성을 일축할 수는 없다. 모든 과학적 자료들을 종합해 볼 때 지구는 분명히 전례 없는 속도로 더워지고 있고 그 원인의 상당 부분을 인간이 제공하고 있는 게 확실해 보인다. 더 이상 머뭇거릴 시간이 없다.

우리 정부가 여전히 온실 기체 감축 의무국으로 선정되는 걸 회피하던 2008년 2월 22일 환경재단이 주축이 되어〈기후 변화 센터Climate Change Center〉가 만들어졌다. 기후 변화에 관한 모든 정보를 수집·분석·홍보하는 전문 기구를 민간이 정부보다 앞서 설립한 것이다. 상공회의소 지하 강당에서 열린 출범식에는 남녀노소, 진보·보수, 학계·기업 구분 없이 많은 사람들이 모였다. 기후 변화는 우리 사회 모두가 관심을 가져야 할 사안이라는 방증이었다. 이 자리에서 나는 어쩌다 공동 대표 다섯 명 중의 한 명으로 추대됐다. 고위 행정 공무원 출신 사회 원로, 기업인, 시민 활동가 등이 다른 네 사람이었다. 생각해 보니 나만 학자였다. 그래서 나는 수락 연설에서 새롭게 출범하는 기구의 브레인 역할을 자처하고 모두가 함께 읽을 수 있는 기후 변화 관련 책을 만들겠다고 약속했다. 나는 곧바로 우리나라 대표 기상학자와 생태학자 30인과 함께 작업에 착수해 2011년 4월에 무려 632면에 달하는 『기후 변화 교과서』를 내놓았다. 이 책의 프롤로그에 내가 종종 강연 제목으로 삼는 〈아주 불편한 진실과 조금 불편한 삶〉을 부제로 붙이고 기후 변화에 관한 과학적 연구와 기술 개발은 물론 계속되어야 하지만, 그보다 먼저 우리의 삶이 변해야 한다고 호소했다.

　도시에 살고 있는 현대인은 종종 자신은 자연 생태계와 아무런 상관이 없다고 생각한다. 자연 생태계의 균형에 가장 심각한 영향을 미치고 있는 우리 인간의 생활 방식에 획기적인 변화가 일어나지 않는 한 지구의 미래는 결코 밝지 않다. 온실 기체의 배출을 줄이고 생물 다양성을 보전하려는 노력이 설령 우리의 삶을 지금보다 조금 불편하게 만든다 해도 우리는 그 길을 걸어야 한다. 21세기에 걸맞은 생태 철학이 필요하다.

기후 변화의 심각성을 일반 대중에게 알리는 일은 상대적으로 그리 어렵지 않았다. 일상생활에서 매일 피부로 느끼고 있기 때문에 빠른 속도로 사회적 이슈가 될 수 있었다. 반면 저녁 뉴스 시간에 어느 먼 오지에서 동물들이 멸종 위기를 맞고 있다는 소식을 듣는 순간에는 걱정하지만, 늘 우리 눈앞에서 벌어지는 일이 아니다 보니 생물 다양성의 문제는 기후 변화의 문제만큼 절실하게 다가오지 않는다.

1998년 미국 뉴욕 자연사 박물관은 여론 조사 기관 해리스에 의뢰하여 저명한 과학자 400명을 대상으로 설문 조사를 실시했다. 설문에 참여한 과학자들이 모두 생물학자였던 것도 아닌데 우리 인류를 위협하고 있는 가장 심각한 사회 문제가 무엇인가를 묻는 질문에 가장 많은 과학자들이 지적한 문제는 바로 생물 다양성의 감소와 고갈이었다. 학자들은 생물 다양성의 감소를 매우 심각하게 받아들이고 있는 데 비해 일반인들에게 그런 인식을 심어 주는 일은 그리 쉽지 않다.

생물학자들은 지금 수준의 환경 파괴가 계속된다면

2030년경에는 현존하는 동식물의 2퍼센트가 절멸하거나 조기 절멸의 위험에 처할 것이라고 추정한다. 이번 세기의 말에 이르면 절반이 사라질지도 모른다고 경고한다. 기후 변화는 이 같은 추세에 가속 페달을 밟고 있다. 기후 변화는 분명히 심각한 문제다. 그러나 예를 들어 지구 온난화에 따른 기온의 상승은 그 자체로는 우리 인류에게 해결 불가능한 문제가 아닐지도 모른다. 온도를 강제로 낮추거나 아니면 그 온도에 맞춰 주로 실내에서 생활하는 극단적인 방법도 가능할지 모른다.

더 심각한 문제는 기후 변화로 인해 벌어질 수 있는 엄청난 생물 다양성의 감소다. 어쩌면 기후 변화보다도 생물 다양성의 감소가 더 직접적으로 그리고 더 가까운 미래에 우리 인류를 위기로 내몰 수 있다. 그래서 유엔은 2010년을 〈국제 생물 다양성의 해The International Year of Biodiversity〉로 제정한 데 이어 아예 2011~2020년을 〈생물 다양성을 위한 10년United Nations Decade on Biodiversity〉으로 정하고 생물 다양성의 중요성을 알리기 위해 나름 열심히 노력했다. 그러나 2010년은 말할 것도 없거니와 〈생물 다양성을 위한 10년〉도 성과는 그리 크지 않았다. 이제 또다시 우리는 〈생물 다양성을 위한 100년United Nations Century on Biodiversity〉을 시작해야 하지 않을까 싶다.

지구가 아닌 다른 행성에도 생명이 존재하느냐는 질문을 종종 받는다. 나는 일단 모른다고 답한다. 하지만 그건 전문가 또는 과학자로서 내놓을 답이 아니라고 다그치는 바람에 언제나 몇 마디 설명을 덧붙이게 된다. 아직 이렇다 할 뚜렷한 증거를 갖고 있지 않은 상황에서 내 대답은 어쩔 수 없이 확률적일 수밖에 없다. 이 드넓은 우주에 그 많은 행성들 중 유독 우주 저 한쪽 변두리에 있는 작은 소우주인 태양계의 그리 대단할 것도 없는 지구라는 행성에만 생명이 있으리라고 우기는 것은 확률적으로 볼 때 억지일 수밖에 없다. 하느님께서 오로지 이곳 지구에만 생명을 창조하셨다고 믿는 것 역시 지나친 〈종교적 짝사랑〉처럼 보인다. 이 지구에 생명이 탄생한 과정을 상상해 보면 도무지 일어날 법하지 않은 일들의 연속이었다. 그런 극단적 우연이 다른 행성에서도 일어났을 것이라고 주장하기도 역시 확률적으로 어렵다. 생명의 기원에 관한 연구 결과를 살펴보면 어떻게 그 수많은 사건들이 차례로 적시에 일어날 수 있었을까 신기할 지경이다. 이미 반세기 전 물리학자 에르빈 슈뢰딩거Erwin Schrödinger가 지적한 대로 생명은 열역학 법칙을 거스르며 탄생했다. 그래서 비겁하게나마 나는 나름의 답을 준비해 두었다. 〈지구 외에도 우주 어딘가에 생명은 존재할 것이다. 그러나 그 생명이 반드시 DNA와 RNA 같은 핵산과 단백질을 기본으로 하는 생명이어야 할 까닭은 없다. 그럴 확률도 매우 낮아 보인다. 근본적으로 다른 메커니즘을 지닌 생명들이 여기저기 존재하고 있을 것이다.〉

따지고 보면 지구에 이처럼 아름다운 생명의 파노라마가 펼쳐진 것은 실로 기적 같은 일이다. 물론 〈제 눈에 안경〉이라는 비판을 면하기 어렵겠지만 이렇게 아름다운 행성이 또 어디 있을까 싶다. UFO 추종자라고 고백하는 것은 아니지만 나는 가끔 다른 행성의 생물학자들이 지구 생태계를 연구하기 위해 이곳을 찾는 상상을 해본다. 나는 그들이 우리가 상상할 수 있는, 우리 눈으로 확인할 수 있는, 그런 모습으로 우리 앞에 나타나리라고 기대하지 않는다. UFO의 존재를 믿는 이들이 답해야 할 질문들이 있다. 왜 UFO 사진들은 한결같이 초점이 맞지 않은 걸까? 스코틀랜드 네스호의 괴물이나 북미의 빅풋Big Foot을 발견하기 위해 평생을 불사르는 이들에게도 똑같은 질문을 던질 수 있다. 네스호의 괴물을 찍은 가장 유명한 사진도 결국 사진작가가 욕조에 인형을 띄워 놓고 약간 초점이 맞지 않은 상태에서 찍은 것으로 밝혀졌다.

언젠가 우주 생물의 존재와 다양성을 연구할 수 있는 때가 오겠지만, 당장은 우리 지구 이야기부터 해보자. 생물 다양성biological diversity이란 용어는 1968년 미국의 보전 생물학자 레이먼드 다스먼Raymond F. Dasmann이 처음으로 사용했고, 1980년 흔히 〈생물 다양성의 대부(代父)〉로 불리는 미국 조지메이슨 대학 토머스 러브조이Thomas Lovejoy 교수가 『보전 생물학Conservation Biology』(Michael E. Soule and Bruce Wilcox)의 서문에 다시 소개하며 널리 쓰이게 됐다. 그러던 것을 1985년 미국 국립연구회의National Research Council의 월터 로센Walter Rosen 박사가 〈biological diversity〉를 축약한 형태인 〈biodiversity〉를 세미나 제목으로 사용했는데, 이를 하버드 대학의 에드워드 윌슨 교수가 책 제목으로 채택(1988)하며 생물 다양성을 의미하는 용어로 폭넓게 자리 잡았다. 생물 다양성의 정의로는 1989년 세계 자연 기금World Wide Fund for Nature의 〈생물 다양성이란 수백만여 종의 동식물, 미생물, 그들이 담고 있는 유전자, 그리고 그들의 환경을 구성하는 복잡하고 다양한 생태계 등 지구상에 살아 있는 모든 생명의 풍요로움〉이라는 정의가 가장 포괄적이다. 현재까지 내려진 다른 많은 정의들도 대체로 이와 비슷하다. 생물 다양성이란 한마디로 지구상에 존재하는 생명 전체Life on Earth를 의미한다고 보면 될 것 같다.

생물 다양성은 주로 종 다양성species diversity을 지칭하지만 실제로는 유전자 다양성genetic diversity과 생태계 다양성ecosystem diversity도 함께 고려해야 한다. 종species은 가장 일반적으로 통용되는 생물 다양성의 단위이며, 종 다양성은 특정한 환경에 대한 생물 종들의 진화적 또는 생태적 적응의 범위를 의미한다. 유전자 다양성이 심각하게 줄어들면 멸종extinction에 이를 수 있다. 따라서 생물 다양성은 반드시 종과 유전자 수준에서 함께 다뤄져야 한다.

생태계는 특정한 지역에 살고 있는 모든 생물 종들의 집합인 군집biological community과 그들을 에워싸고 있는 모든 물리적 환경 요인들로 구성된다. 온도, 습도, 강수량, 풍속 등 온갖 물리적 환경 요인은 생물 군집의 구조와 특성을 결정짓고 생물 군집의 특성 역시 물리적인 환경에 영향을 미친다. 구조적으로 다양한 생태계가 단순한 생태계보다 더 풍부한 종 다양성과 유전적 다양성을 유지한다.

생물 다양성의 고갈은 모두가 걱정하고 있는 문제이지만, 생물 종의 멸종 속도를 측정하는 것은 그리 간단한 문제가 아니다. 우선 지구 생태계 전체의 종 수에 대한 추정치가 너무나 큰 오차의 한계를 가지고 있는 형편이고, 그나마 기재된 종들도 그 분포에 관한 정보를 완벽하게 확보할 수 없기 때문에 전체 중 어느 정도가 절멸하고 있는지를 가늠하기는 대단히 어렵다. 2019년에 일어나 2020년 상반기까지 이어진 오스트레일리아 산불로 거의 30억 마리의 야생 동물이 죽은 것으로 보고됐다. 포유류 1억 4300만, 조류 1억 8천만, 양서류 5100만, 그리고 특이하게 파충류 25억 마리가 희생됐다. 야생 생물 800종 이상의 서식지가 심각하게 훼손된 것으로 조사됐다. 자연 서식처의 30퍼센트 이상이 사라진 종이 70종에 이르고 절멸 위기에 처한 종도 14퍼센트나 증가했다. 세계 야생 생물 기금World Wildlife Fund에 따르면 전 세계의 원시림 중 거의 3분의 2는 이미 손실되었으며 환경 파괴가 지금과 같은 속도로 지속된다면 불과 50년 후에는 완전히 사라질 것이라고 한다.

태초에 생명이 탄생한 이래 이 지구에는 언제나 새로운 종들이 생겨났고 또 많은 종들이 사라졌다. 지구 생태계는 지금까지 적어도 다섯 차례의 대절멸 사건을 겪었다. 가장 최근의 것이 지금으로부터 약 6500만 년 전에 대부분의 공룡들을 절멸시키며 이른바 〈파충류의 시대〉의 막을 내리고 〈포유류의 시대〉를 열게 한 사건이었다.

생물 종의 절멸은 지극히 자연스러운 현상이다. 다만 최근에 들어 절멸하는 종의 수가 새롭게 탄생하는 종의 수보다 엄청나게 많다는 것이 문제의 핵심이다. 고생물학자들은 지구의 역사를 통해 매년 기본적으로 1~10종의 생물들이 절멸한 것으로 본다. 미국 듀크 대학의 스튜어트 핌Stuart Pimm 교수와 그의 동료들은 지난 세기 동안 매년 100에서 1만 종의 생물들이 절멸했다고 보고했다. 이는 기본 절멸 속도의 백 배 내지 천 배에 달하는 속도다. 하버드 대학 월슨 교수의 계산에 의하면 현재 매년 약 10만 제곱킬로미터의 자연 서식지가 파괴되고 있다. 지구 생태계 전체의 종 수를 천만 종이라 가정하면 매년 천 종당 하나 꼴로 절멸하고 있다는 계산이 나온다. 고생물학자들이 추정한 고생대나 중생대 때의 대절멸 사건 당시의 속도에 비해 크게는 만 배에 이르는 가공할 속도다. 또 한 가지 현재의 절멸 사건이 과거의 대절멸과 본질적으로 다른 것은 생태계의 먹이 사슬 구조를 떠받치고 있는 식물 다양성이 급속도로 감소하고 있다는 사실이다. 그리고 그 원인의 대부분이 우리 인간에게 있다는 것이다.

3
지속 가능한 미래를 위하여

에드워드 윌슨은 『통섭*Consilience*』(1998)에서 지구상에 존재하는 시스템 중에서 가장 복잡한 시스템으로 자연 생태계와 인간의 두뇌를 꼽는다. 자연 생태계는 오랜 진화의 산물로 생성된 다양한 생물 종들과 그들 간의 상호 관계가 형성하는 엄청나게 복합적인 시스템이다. 이 자연 생태계의 균형이 우리 인간의 활동으로 인해 위협받고 있다. 생물 다양성의 감소, 지구 온난화, 환경오염 등으로 인한 지구 생태계의 지속 가능성sustainability이 21세기의 최대 화두로 떠오르고 있다. 생태계의 구성과 기능을 연구하는 학문인 생태학은 이제 생물학을 비롯한 여러 자연과학 분야들의 이론과 방법론들은 말할 나위도 없거니와 경제학, 경영학, 행정학, 법학, 미학, 철학 등 다양한 인문사회학 분야들을 포괄하는 종합 학문으로 거듭나고 있다. 통섭적인 접근이 아니면 문제의 윤곽을 파악하기도 힘들고 해결의 실마리도 찾기 어려울 것이다.

2016년 봄 세계적인 베스트셀러 『사피엔스 Sapiens』(2011)를 들고 한국을 방문한 이스라엘 히브리 대학의 역사학자 유발 하라리 Yuval Noah Harari 교수와 마주 앉았다. 『조선일보』에서 마련한 대담이었는데 중국에서 건강이 악화된 상태로 들어와 첫 인상은 영 좋지 않았다. 그러나 대담이 진행되며 현생 인류, 즉 호모 사피엔스가 길어 봐야 몇백 년이면 절멸할 것이라는 그의 주장에 내가 〈몇백 년까지 걸릴 이유가 어디 있는가? 나는 이번 세기를 못 넘길 수도 있다고 생각한다〉라고 하자 정신이 번쩍 나는 듯 바짝 다가앉으며 적극적으로 대담에 임했다. 다른 대담이나 인터뷰에서는 자신이 그런 발언을 하면 모두가 놀라 후속 질문들이 이어졌다는데 나의 뜻밖의 역습에 적이 놀란 표정이었다. 이튿날 기자로부터 나와 가진 대담이 그동안 했던 모든 대담 중에서 가장 짜릿하고 지적이었다는 그의 고백을 전해 들었다.

객관적인 평가에 따르면 호모 사피엔스가 이 지구라는 행성에서 가장 뛰어난 두뇌를 지닌 것은 분명해 보인다. 그러나 우리가 하고 있는 짓을 보면 스스로 제명을 재촉하는 지극히 어리석은 동물임에 틀림없어 보인다. 사피엔스 sapiens는 〈현명한wise〉이라는 뜻의 라틴어다. 도구를 만들었다는 호모 하빌리스*Homo habilis*, 두 발로 제대로 일어섰다는 호모 에렉투스*Homo erectus*를 거쳐 얼마 전까지 네안데르탈인 *Homo neanderthalensis*은 유럽 지역에서 우리와 함께 살았는데 이 모든 인류를 다 몰아내고 홀로 남아 드디어 스스로를 가리켜 〈현명한 인간〉이라 부르고 있다.

나는 결코 이 자화자찬에 동의할 수 없다. 우리가 진정 현명했다면 우리 주변 환경을 이렇게까지 망가뜨려 놓고 그 속에서 신음하며 살고 있지 말아야 했다. 스스로 미세 먼지까지 만들어 뿜어 대면서 콜록거리고 있지 않은가. 또 그리 머지않은 옛날 우리 할아버지들은 길을 가다가 목이 마르면 흐르는 개울물을 두 손으로 떠서 마셨는데 지금 우리는 페트병 안에 담은 물을 돈을 주고 사서 마신다. 두뇌 용량은 남다를지 모르지만 그걸 현명하게 사용하고 있지는 않은 듯하다.

우리가 지속 가능성에 관해 본격적인 논의를 시작한 것은 그리 오래되지 않았다. 1987년 유엔 브룬틀란 위원회 Brundtland Commission는 지속 가능성을 〈미래 세대의 요구를 해치지 않는 범위 내에서 현재 세대의 필요를 충족하는 것〉이라고 정의했다. 1992년 6월 브라질 리우데자네이루에서 채택된 의제 21 Agenda 21에서는 〈지속 가능한 발전 sustainable development〉이라는 용어를 사용했다. 하지만 이 용어는 때로 〈지속적인 발전 또는 개발〉로 오해받으며 쓸데없는 논란만 불러일으켰다. 개인적으로 나는 〈지속 가능한 발전〉을 〈경제성과 생태성의 평형을 모색하는 행위〉라고 규정하는데, 그러면 개념이 한결 뚜렷해진다. 경제적 타당성 economic feasibility을 의미하는 경제성과 〈생태계의 온전한 정도 ecological integrity〉를 의미하는 생태성을 함께 보듬어야 한다.

지속 가능성에 대해 가장 명쾌하게 그 개념을 짚어 낸 분은 고(故) 박경리 선생이다. 2002년 8월 세계생태학대회가 우리나라에서 열렸다. 당시 한국생태학회는 솔직히 이런 규모의 세계 대회를 개최할 능력을 갖추지 못했건만 선배 교수들이 중국이 개최하려고 2년 가까이 만지작거리다 포기한 걸 덜컥 물어 오는 바람에 하루아침에 날벼락을 맞았다. 나는 결국 공동 조직 위원장을 맡아 해외 석학들을 기조 강연자로 모시는 작업을 수행했다. 영어로 기조 강연자를 〈plenary speaker〉 혹은 〈keynote speaker〉라 부르지만 굳이 구분하자면 전자는 특정한 분야 또는 세부 주제를 총괄하는 강연을 한다면, 후자는 전체 대회의 주제를 아우르는 강연을 하도록 요청받는다. 나는 이례적으로 우리 학계의 사뭇 사대주의적 전통을 깨고 박경리 선생을 기조 강연자로 모셨다. 코엑스 오디토리움을 가득 메운 세계 생태학자들 앞에서 내가 순차로 통역한 선생님의 강연은 두 차례나 기립박수를 받았다. 그중 한 번은 선생님이 자연을 대하는 인간의 태도에 대해 〈원금은 건드리지 말고 이자만 갖고 살아야 한다〉고 말씀하셨을 때였다. 1987년에 유엔 브룬틀란 위원회가 지속 가능성에 대해 정의를 내린 지 10여 년이 지나도록 개념조차 제대로 이해하지 못하고 있던 세계 생태학자들은 박경리 선생의 이 기막힌 비유에 모두 자리를 박차고 일어설 수밖에 없었다. 강연이 끝난 뒤 만난 외국 동료들은 한결같이 어떻게 소설가가 그런 혜안을 갖고 있느냐며 혀를 내둘렀다. 나는 소설가이기 때문에 그럴 수 있다고 대답했다. 우리는 여전히 스스로 원금을 까먹고 있는 줄도 모르며 산다. 지금 이대로라면 이자뿐 아니라 그동안 축낸 원금까지 상환해야 한다. 미래 세대의 행복을 갉아먹지 않으려면 현재 세대가 지금보다 조금만 더 불편하게 살기로 각오해야 한다.

2013년 국립생태원이 설립되고 어쩌다 내가 초대 원장을 맡았다. 신설 기관이라 새롭게 해야 할 일이 한둘이 아니었다. 그중 하나는 기관의 미션mission, 비전vision, 그리고 핵심 가치core values를 설정하는 일이었다. 기관마다 액자에 넣어 걸어 둔 핵심 가치들이 있는데 내 눈에는 한결같이 영혼이 없는 글자들처럼 보인다. 정직, 근면, 성실……. 그걸 쳐다본다고 해서 갑자기 정직해지는 것 같지도, 더 근면하게 일하는 것 같지도 않다. 나는 진정으로 가슴을 파고드는, 그래서 하루 일과에서 늘 실천할 수 있는 〈살아 있는〉 핵심 가치를 만들고 싶었다. 내 주변에는 톡톡 튀는 끼와 기지를 지닌 젊은 동료들이 제법 많다. 실례를 무릅쓰고 그들을 불러 모아 브레인스토밍 회의를 거쳐 정말 내 마음에 쏙 드는 핵심 가치를 만들어 냈다.

〈생명 사랑, 다양성, 창발, 멋.〉

2014년 우리의 〈생명 사랑〉 정신은 어디론가 사라진 채 꿈에도 잊지 못할 아픔을 겪었다. 세월호 침몰은 승객의 안전을 최우선 핵심 가치로 삼아야 마땅한 한 업체의 생명 경시 때문에 일어난 어처구니없는 사고였다. 생명의 탄생은 과학적으로 볼 때 거의 불가능한 확률의 기적이요, 종교적으로는 한없는 신의 축복이다. 이처럼 고귀한 생명을 부여받았다면 모름지기 다른 생명을 사랑할 의무가 있다.

지구 생태계의 이 엄청난 생물 다양성이 어떻게 진화해 공존하고 있는가를 과학적으로 조사하고 분석하기 위해 국립생태원에는 참으로 다양한 인재들이 모였다. 〈다양성〉을 연구하는 학문인 생태학을 연구하기 위해 다양한 전문가들이 모여든 것은 어찌 보면 당연한 일인지도 모른다. 그러나 정부 기관, 민간 기업, 시민 단체, 학계 등에서 서로 다른 경험을 쌓은 사람들이 함께 일하기란 결코 쉽지 않다. 나는 균일 집단의 일사불란함보다 다양성이 만들어 내는 창발(創發) 효과에 훨씬 큰 기대를 건다. 하위 수준에는 없던 속성이 상위 계층을 이루면 예상하지 못한 속성과 현상이 새롭게 출현한다는 〈창발〉은 내가 10년 전 우리 사회에 화두로 던진 통섭(統攝)의 개념과 맥을 같이한다.

〈멋〉은 그 뜻을 정확하게 규정하기 어려운 말이다. 〈멋〉은 감각적 개념의 〈맛〉을 감성적으로 표현한 말로서 됨됨이나 행동의 품격이 세련되고 여유로움을 뜻한다. 5천 년 역사를 통틀어 단 한 번도 부유하게 살아 본 적은 없지만 우리는 멋을 아는 민족이었다. 그러나 언제부터인가 우리는 돈 몇 푼을 탐하느라 멋을 잃었다. 국립생태원이 다양함을 창발로 승화시키며 〈생명 사랑〉 정신을 온 누리에 되살리는 〈멋〉진 기관으로 우뚝 섰으면 하는 바람으로 만든 핵심 가치들이다.

초대 원장으로서 나는 모든 구성원이 핵심 가치의 의미를 완벽하게 숙지하고 실천할 수 있도록 온갖 노력을 다했다. 어떤 행사를 하더라도 반드시 네 팀으로 나눠 선의의 경쟁을 하거나 협업하도록 기획했다. 2016년 임기를 마칠 무렵에 나는 거의 확신했다. 500여 명의 임직원 모두 네 가지 핵심 가치를 암송하는 것은 말할 것도 없고 모두가 같이 지켜 나가야 할 공동의 가치로 삼고 있다고 확신했다. 이같은 핵심 가치는 〈세계적인 생태학 연구를 바탕으로 자연 환경의 보전과 생태 문화 확산을 도모하여 지속 가능한 미래 구현에 기여한다〉라는 기관의 미션을 실현하는 데 더할 수 없이 소중한 원동력이 되었다.

대한민국은 전형적인 개발 문화 국가다. 개발을 하려면 지금 있는 자연을 어떤 형태로든 변형시켜야 하는데 그러고 싶지 않다는 사람의 의견이 당연히 우선시되어야 하지만 실제로는 개발론자들이 더 당당하다. 그들은 언제나 〈경제 발전〉이라는 미명을 앞세운다. 하지만 이제 지속 가능성을 추구해야 하는 시대에 이러한 태도는 더 이상 지속될 수 없다. 그래서 나는 국립생태원의 미션에서 〈생태 문화 확산〉을 강조했다. 여기서 생태 문화는 개발 문화의 반대 개념으로 제시된 것이다. 캐나다, 미국과 같이 국토가 넓은 나라는 앞으로도 한동안 개발할 땅이 있을지 모른다. 그러나 우리에게는 그럴 만한 여유가 없다. 대한민국은 개발이 아니라 보전을 디폴트 기준으로 삼아야 한다. 내가 이 미션을 만든 2013년에는 인터넷에 〈생태 문화〉를 입력해도 그리 많은 정보가 뜨지 않았다. 그러나 이제는 거의 일상용어가 되었다. 말로만 일상이 되는 게 아니라 우리의 삶에서도 일상이 되기를 기대한다.

〈환경은 미래 세대로부터 빌려 쓰는 것이다〉라는 말은 너무 많이 들어 이제 식상할 지경이다. 하지만 말은 많이 하는데 실제로는 전혀 지켜지지 않는다. 지극히 공허한 말이 된 지 오래다. 진정 미래 세대로부터 빌리는 것이라면 첫 삽을 뜨기 전에 주인의 허락을 받는 게 원칙이다. 그래서 나는 어떤 개발 사업이든 착수하기 전에 반드시 미래 세대와 회의를 갖고 차용증을 작성해야 한다고 생각한다. 여기서 말하는 미래 세대는 지금 유치원에 다니는 아이들뿐 아니라 아직 태어나지 않은 아이들도 포함한다. 회의는 당연히 가상 회의가 될 것이다. 현재 세대가 먼저 개발 계획에 대해 설명할 것이다. 그들은 언제부턴가 모든 개발 계획에 반드시 등장하는 수사인 〈환경 친화적〉이라는 표현을 사용하며 환경에 끼치는 피해를 최소화하고 미래 세대를 위한 경제 발전을 이루겠다고 열변을 토할 것이다. 발표가 끝났을 때 미래 세대 대표가 과연 무슨 말을 할까? 내가 3년 여 동안 충청도에서 살아 본 경험을 살려 충청도 사투리로 답해 보겠다. 「냅둬유. 됐시유. 이담에 우리가 알아서 할게 유. 친절하게 미리 해주실 필요 없시유. 우리 거니까 개발 을 하든 보전을 하든 우리가 알아서 할게유.」

기후 변화, 생물 다양성 문제는 통섭적인 접근이 필요 한 전형적인 복잡계 문제다. 기상학과 생물학을 비롯한 여 러 자연과학 분야의 연구는 말할 나위도 없거니와 경제학, 사회학 등 여러 사회과학적 분석과 문화 전반에 걸쳐 나타 날 삶의 문제들에 대한 인문학적 해석 등 그야말로 모든 학 문이 한데 어우러져야 문제의 원인과 적응 대책의 실마리 가 풀릴 것이다. 진실은 앨 고어Al Gore가 얘기한 것보다 훨 씬 더 불편하다. 그리고 이 불편한 진실에 대응하는 유일한 방법은 지금보다 아주 조금씩이나마 더 불편한 삶을 감수 하겠다는 우리 모두의 의지에 달려 있다. 기후 변화에 관한 강연을 할 때마다 나는 거의 언제나 〈아주 불편한 진실과 조금 불편한 삶〉이라는 제목을 붙인다. 기후 변화는 이미 우리 인간의 힘으로 멈출 수 있는 게 아니다. 우리가 저지

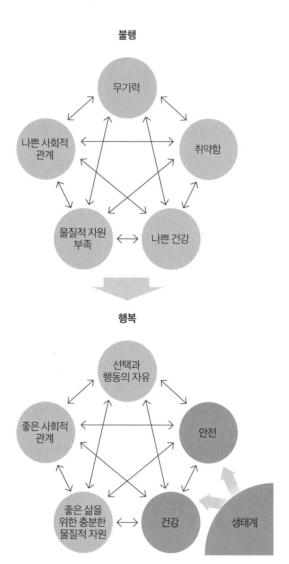

[그림 1] 새천년 생태계 평가(MEA), 2005

른 죄의 그림자가 너무나 길게 드리워져 있어 지금 당장 우리가 대오각성한다 하더라도 적어도 수십 년은 그 죗값을 치러야 한다. 그렇다고 예서 주저앉을 수는 없다. 비록 우리는 어쩔 수 없다 하더라도 우리 아이들을 위해 지금 당장 행동에 옮겨야 한다. 그 아이들의 행복을 갉아먹지 않는 범위 내에서 우리의 행복을 추구하는 것이 지속 가능성의 개념임을 명심하자.

자연 생태계의 지속 가능성은 우리 삶의 질과 직결되어 있다. 유엔은 2005년부터 새천년 생태계 평가Millennium Ecosystem Assessment(MEA) 프로젝트를 수행하고 있다. 복지의 개념을 아예 생태계 복지ecosystem well-being와 인간 복지human well-being의 두 축으로 나눠 분석하는 이 프로젝트에서는 한국의 복지 수준을 세계 60위권으로 평가하고 있다. 노무현 정부 때, 전에 비해 복지 행정에 상당한 예산을 쏟아부은 덕에 우리나라는 인간 복지 부문에서는 세계 28위까지 향상되었다. 그러나 생태계 복지가 세계 180개국 가운데 162위에 그치는 바람에 전체적인 복지 수준은 우리 경제 수준에 훨씬 못 미치고 있다. MEA 프로젝트는 행복과 불행을 〈자기 삶에 대한 선택권〉, 〈사회 관계망〉, 〈물질적 풍요〉, 〈건강〉, 〈개인의 안전〉 등 다섯 가지 요인으로 평가하는데, [그림 1]에서 보는 바와 같이 이 중에서도 특히 건강과 개인의 안전이 생태계의 건강과 아주 밀접한 관계를 갖고 있다고 분석한다. 생태계의 건강성은 다분히 전통적인 생태학 연구에 의해 확보가 가능한 문제일 수 있지만 MEA 프로젝트가 다루고 있는 다섯 가지 요인은 엄청나게 다양한 학문 영역에 걸쳐 있다.

나는 노무현 정부 시절 보건복지 관련 공무원들을 대상으로 유엔의 MEA 프로젝트의 취지에 대해 설명하고 정부 차원에서 복지 예산을 집행할 때 종전대로 인간 복지 부문에만 투자하는 것보다 생태계 복지를 향상시킬 수 있는 분야를 적극 고려하는 것이 훨씬 효율적일 수 있다는 점을 강조하여 〈생태 복지의 개념 및 적용 모델 개발〉이라는 주제의 정책 연구 과제를 수행한 적이 있다. 전통적인 사회복지학과 생태학이 만나 기존의 〈후대응 복지reactive welfare〉 형태에서 탈피하여 〈선대응 복지proactive welfare〉 시스템을 구축할 수 있도록 미래형 생태 복지의 개념을 소개하고 새로운 방향을 제시했다. 통섭적 접근이 어떤 실질적 효과를 가져올지 기대해 볼 만하다고 생각한다.

2장

코로나19 팬데믹과 생태학의 시대

1
참으로 어처구니없는 재앙

마치 예정돼 있던 것처럼 코로나19 팬데믹(대유행)은 20세기 초 스페인 독감 이후 거의 정확히 100년 만에 일어났다. 아이러니하게도 스페인 독감은 스페인에서 처음 발생하지 않았다. 1917년 12월 미국 노스캐롤라이나주의 캠프 그린에서 첫 징후가 발견되었고 이듬해 뉴욕시와 캔자스주에서 최초 감염과 사망 사례가 보고됐다. 프랑스, 독일, 영국 등과 달리 스페인 정부는 언론을 통제하지 않아 보도가 많이 되는 바람에 이름이 그리 굳어져 버렸다. 1918년 2월부터 1920년 4월까지 지속된 팬데믹으로 당시 세계 인구의 거의 3분의 1에 달하는 5억 명이 감염돼 그중 1700만 내지 5천만 명이 사망한 것으로 집계됐다. 코로나19 팬데믹은 2021년 11월 초 현재 전 세계에서 2억 5천만 명 이상이 감염되었고 그중 거의 530만 명이 사망했다. 언뜻 숫자로만 비교하면 스페인 독감에 비해 이번 코로나19가 훨씬 덜 치명적인 것처럼 보이지만 이 두 대유행을 그대로 맞비교하는 것은 적절하지 않다. 훗날 〈H1N1 인플루엔자 A 바이러스〉가 유발한 것으로 밝혀졌지만 당시 초반에는 원인조차 모른 채 당한 것을 감안하면, 이번 코로나19 팬데믹의 희생자가 이 정도로 많은 것은 믿어지지 않을 만큼 충격적이다. 발생 초기부터 발 빠르게 적극적이고 체계적인 방역으로 대처한 우리나라와 달리 그동안 선진국이라고 우러러봤던 미국과 유럽의 몇몇 국가들의 방역 실패가 이 같은 결과에 결정적이었다고 생각한다.

내가 만일 이번 사태를 훗날 다큐멘터리로 제작한다면 그 시작은 중국 후베이성에 사는 어느 중년 남성의 출근 장면이 될 것이다. 그 남성의 직업은 천산갑의 비늘을 뽑는 일이다. 〈산을 뚫는 갑옷〉이라는 뜻의 천산갑(穿山甲)은 일종의 개미핥기다. 1980년대 내가 박사 학위 연구를 위해 드나들던 중남미 열대에 사는 개미핥기들은 여느 포유류와 마찬가지로 온몸이 털로 뒤덮여 있는데, 무슨 연유인지 대만과 중국 남부, 동남아시아와 아프리카 일부에 서식하는 개미핥기의 경우에는 진화의 역사를 통해 특이하게 머리, 몸, 다리, 꼬리 윗면을 덮고 있는 털들이 비늘로 변했다.

그래서 겉모습만 보면 포유류라기보다 파충류처럼 생겼다. 길이가 30~40센티미터에 이르는 길고 끈적끈적한 혀로 주로 개미나 흰개미를 잡아먹으며, 위협을 느끼면 마치 솔방울의 솔씨처럼 켜켜이 덮여 있는 비늘을 공처럼 동그랗게 말아 자신을 방어한다.

그런데 그 중국 남성은 왜 천산갑에서 비늘을 뽑는 일을 하고 살까? 중국에서는 예부터 천산갑의 비늘을 갈아먹으면 종기가 가라앉고 혈액 순환에 좋다 하여 약재로 사용해 왔다. 비늘이 붙어 있는 채로 껍질을 벗겨 끓는 물에 잠시 담갔다 건져 낸 다음 비늘을 뜯어내 물에 씻어 말린다. 이 때문에 천산갑은 멸종 위기종으로 분류되어 있는데도 대량으로 포획돼 중국으로 밀반입되고 있다. 실제로 천산갑은 〈멸종 위기 야생 동·식물 국제 교역에 관한 협약 Convention on International Trade in Endangered Species of Wild Fauna and Flora(CITES)〉이 선정한 최고로 심각한 다섯 동물(코끼리, 코뿔소, 상어, 호랑이, 천산갑) 중에서 가장 많이 불법으로 포획되는 동물이다. 지난 10년 동안 무려 100만 마리가 포획돼 중국에 밀매된 것으로 집계됐다.

그런데 참으로 어처구니없는 것은 천산갑 비늘의 화학 성분이 머리털, 손톱, 발톱, 피부 등 상피 구조의 기본을 형성하는 각질 단백질 케라틴keratin에 지나지 않는다는 점이다. 비싼 돈 주고 어렵게 구한 천산갑 비늘은 화학적으로 볼 때 주기적으로 깎아 버리는 우리 손톱이나 발톱과 진배없다. 아무리 뜯어 봐도 딱히 약재로 쓸 만한 게 없는데 언제부턴가 뜬금없게도 정력에 좋다는 소문까지 나돌며 중국에서는 밀수하다 공안 당국에 적발된 천산갑 비늘이 때로 수십 톤에 달한다고 한다. 쓸모도 없는 케라틴 쪼가리를 떼려다 그 무서운 바이러스 혹을 붙여 온 셈이다.

천산갑은 〈천산 잉어〉라는 뜻의 능리갑(鯪鯉甲)으로도 불리는데 그 체액에 들어 있던 코로나 바이러스SARS-CoV-2에 감염된 그 남성이 우한 시장에 나타나 다른 사람들에게 바이러스를 옮기고, 그 사람들이 우한 지역 전역으로 퍼뜨리는 과정에서 일부는 중국의 다른 지역, 또 일부는 비행기를 타고 한국, 미국, 이탈리아, 심지어는 지구 반대편에 있는 브라질까지 이동하며 전 세계로 전파한 것이다. 중국 화난(華南) 농업대학의 연구에 따르면 코로나19 바이러스는 박쥐에서 천산갑을 거쳐 인간으로 전파됐을 것이라고 한다. 다양한 야생 동물에서 추출한 시료들을 검사한 결과 천산갑에서 나온 바이러스의 유전체 염기 서열이 코로나19 바이러스의 서열과 99퍼센트 일치한다고 밝혔다. 연구진

이 분석한 천산갑 시료가 우한 화난 시장에서 나온 것이 아니라서 직접적인 경로가 판명된 것은 아니지만 천산갑이 중간 숙주일 가능성은 충분해 보인다.

2
숲으로 낸 길은 언제나 파멸에 이른다

나는 아마 대한민국에서 열대를 심도 있게 연구한 최초의 인물일 듯싶다. 나 이전에도 물론 열대를 방문하고 그곳의 풍물에 대해 글을 쓴 분은 있겠지만 여러 해 동안 열대우림에 머물며 그곳의 생태와 동물을 연구한 학자는 내가 처음일 것이다. 내가 비록 그런 곳에서 만난 오지의 민족들에 관한 민속사를 연구한 것은 아니지만, 이런 얘기는 충분히 들었음 직하다. 「저 집 아빠가 얼마 전 사냥을 다녀온 후 시름시름 앓더니 불과 열흘도 안 돼 숨을 거뒀다는군.」 그는 어쩌면 사냥 중에 야생 동물에게서 이른바 인수 공통 바이러스zoonotic virus에 감염돼 사망한 것인지도 모른다.

그런 오지에 사는 사람들은 지금도 우리 인류 전체가 불과 1만여 년 전까지 영위하던 수렵·채집 생활 방식을 고수하고 있다. 남성은 수렵, 즉 사냥을 하고 여성은 집 주변에서 견과나 채소를 채집한다. 열대우림은 온대 지방의 숲과 달리 큰 나무 아래 하층 식생이 워낙 빽빽하게 자라고 있어 이동하기가 그리 수월하지 않다. 그래서 그들은 날이면 날마다 사냥에 성공하는 게 아니다. 평생 열대우림을 헤집고 다니며 연구한 나는 잘 안다. 오르락내리락 구불구불 오솔길로는 하루에 몇 킬로미터 이상 다니기 힘들다. 기껏해야 일주일에 두어 마리 잡아 오면 매우 탁월한 편이었다. 그러던 오지의 남성들이 최근 갑자기 예전보다 훨씬 많은 동물들을 잡아내고 있단다.

아프리카를 여행해 본 이들은 나이로비 같은 아프리카의 큰 도시들에서 멧고기bushmeat(원숭이, 박쥐 등 야생 동물 고기) 요리를 파는 음식점을 본 적이 있을 것이다. 멧고기는 원래 원주민들이 단백질을 보충하려고 사냥해 먹던 것인데, 언제부턴가 아프리카의 큰 도시들에는 여행객들의 호기심을 충족시키기 위한 전문 음식점이 생겨났다. 유럽 남성들이 단체로 아프리카 여행을 가는 목적 중의 하나가 바로 멧고기를 맛보는 것이라고 한다. 장사가 얼마나 잘되는지 이제는 아예 파리나 런던 같은 유럽 대도시에서도 버젓이 분점을 내고 성업하고 있다. 그런 곳에 고기를 납품하기 위해 오지의 남성들은 이제 한두 마리가 아니라 수십 마리의 야생 동물을 사냥하고 있다. 목재 회사들이 커다란 아름드리나무들을 베어 내기 위해 숲속 깊은 곳까지 대형 트럭이 오갈 수 있도록 거의 고속도로 수준으로 낸 길을 따라 숲속 훨씬 깊은 곳까지 들어갈 수 있다. 가족에게 가끔씩 동물성 단백질을 먹이기 위해 사냥하던 남성들이 돈맛을 알게 돼 숲을 온통 들쑤시고 다니는 바람에 생면부지의 바이러스들이 예전보다 훨씬 자주 인간 세계로 불려 나오고 있다.

우리 인류와 우리가 기르는 가축을 뺀 모든 야생 동물의 몸은 그야말로 기생생물의 천국이다. 평생 열대 정글에서 야생 동물을 연구한 나는 수없이 많이 경험했다. 내가 그들을 관찰하고 다루는 와중에 그들의 몸에서 내 몸으로 건너오는 기생충을 수도 없이 목격했다.

1980년대 중반 내가 여러 해 동안 드나들던 파나마 바로 콜로라도섬의 스미스소니언 열대 연구소Smithsonian Tropical Research Institute(STRI)에는 내가 그곳에 있을 때부터 지금까지도 이어지고 있는 전통이 있다. 정글 생활의 무료함을 달래기 위해 열대 생물학자들은 사뭇 유치한 일들을 하며 지낸다. 이 역시 그런 일환인데 저녁을 먹으러 식당으로 들어갈 때 녹색 테이프에 자기 이름을 적어 문 옆 게시판에 붙여 둔

다. 그날 숲에서 연구하는 과정에서 몸에 들러붙은 기생충을 샤워하기 전에 테이프로 찍어 내 걸어 두는 것이다. 주로 진드기tick가 붙어 있는데 개체 수가 가장 많은 연구자에게 당시 미국 돈으로 25센트만 주면 살 수 있던 밍밍한 파나마 맥주 아틀라스 한 병이 상품으로 주어진다. 나는 연구소에 머무는 동안 거의 매일 저녁 반주로 그 맥주를 마셨다. 다른 연구자들의 테이프에는 기껏해야 수십 혹은 수백 마리의 진드기가 매달려 있는 데 비해 내 테이프에는 종종 천 마리가 넘는 진드기들이 빼곡히 붙어 있곤 했다. 추석 때 성묘하다 진드기에 물려 목숨을 잃었다는 사람들의 이야기를 뉴스에서 접할 때마다 도대체 나는 어떻게 아직까지 멀쩡하게 목숨을 유지하고 있을까 생각해 본다.

우리가 사육한 고기보다 야생에서 뛰놀아 질길 수밖에 없는 멧고기의 맛이 더 좋을 리 없다. 가끔 야생 동물 포획 현장에서 그들의 목을 따고 피를 들이켜는 사람들도 있는데, 걸쭉한 병원체 칵테일을 입안에 털어 넣는 그들의 객기는 그야말로 어리석음의 극치다. 우리는 그동안 소, 돼지, 닭 등을 사육하며 육질을 향상시킨 것은 물론, 위험한 기생충과 병원체를 제거해 비교적 안전한 먹을거리로 만들었다. 대한민국은 이 또한 너무 지나쳐서 탈이다. 우리나라는 가축에게 항생제를 많이 투여하는 나라 중 하나다. 항생제가 몸에 좋지 않다며 고통을 참으면서도 지나치게 육식을 많이 하는 사람은 자칫 슈퍼박테리아에 감염되면 항생제 내성 때문에 목숨을 잃을 수 있다. 육식을 줄이는 일은 지구의 건강뿐만 아니라 개인의 건강을 위해서도 반드시 실천해야 한다.

3
기생생물의 생태와 진화

아이들에게는 종종 〈개미 박사〉로 불리고 학계에는 사회생물학자sociobiologist로 알려져 있지만, 사실 나는 기생충학으로 석사 학위를 받았다. 1979년 미국 펜실베이니아 주립대 대학원 생태학 프로그램에 지원서를 보낼 때 나는 자기소개서에 말 그대로 〈동물의 왕국Animal Kingdom〉을 연구하고 싶다고 썼다. 지금도 계속되고 있지만 그 당시 우리나라에 텔레비전이 처음 보급되던 시절부터 저녁마다 방영되던 「동물의 왕국」은 내가 가장 좋아하던 프로그램이었다. 그 프로그램을 보며 언젠가 아프리카에 가서 기린과 코뿔소를 따라다닐 꿈을 키웠다.

그런데 부푼 꿈을 안고 도착한 펜실베이니아 주립대의 교수들은 한결같이 내게 자신은 동물의 왕국 연구를 하지 않는다고 말하는 것이었다. 동물 연구는 하지만 딱히 그

TV 프로그램에 관한 연구를 하는 게 아니라며 나를 골려 먹는 것인 줄 그때는 몰랐다. 누구나 마찬가지로 박사 과정으로 입학했으나 나는 한국에서 생태학에 대해 배운 게 너무 없어 수업 내용을 도저히 따라갈 수 없었다. 게다가 그 대학에는 동물의 왕국 프로그램도 없다고 하니 나는 중대한 결심을 할 수밖에 없었다. 프로그램 주임 교수를 찾아가 나를 석사 과정으로 낮춰 달라고 요청했다. 박사 과정에 머물면서 필요한 부분을 보충하면 되지, 그래서 조금 오래 걸릴 수는 있어도 굳이 석사부터 다시 할 이유는 없다며 반려하는 그의 설명에도 아랑곳하지 않고 나는 끝내 내 고집을 관철시켰다. 그곳에서 빠른 시일 내로 석사를 마치고 동물의 왕국 연구를 할 수 있는 대학으로 박사를 하러 가야겠다고 마음먹었다.

그때 마침 알래스카 베링해에서 바닷새를 잡아 가죽을 벗겨 냉동고에 잔뜩 보관하고 있던 교수가 그 바닷새의 몸에 붙어사는 기생충의 생물 다양성과 분포를 연구해 석사 논문을 써보라고 제안했다. 연구 재료가 이미 냉동고에 있으니 구태여 현장 연구를 할 필요도 없어 빠른 시일 내로 마칠 수 있을 것 같아 수락했다. 그러나 그는 내가 연구를 진행하고 있는 동안 알래스카에 가서 더 많은 새들의 사체를 가져다 냉동고에 넣어 주었다. 결국 나는 3년에 걸쳐 웬만한 박사 논문을 능가하는 분량의 연구를 수행하고 석사 학위를 받았다. 실제로 내 석사 학위 논문은 훗날 내가 하버드대에서 쓴 박사 학위 논문보다 더 두툼하다. 이례적으로 석사 학위 논문을 바탕으로 나는 무려 다섯 편의 논문을 학술지에 게재할 수 있었다.

　석사 학위를 받은 후 나는 박사 연구를 할 대학을 물색했다. 하버드, 예일, 코넬, 미시간대 교수들로부터 입학 제안을 받았다. 코넬대 조지 아이퀴트George Eickwort 교수와는 사회성 진화에서 전(前) 사회성 단계에 관한 연구를 할 수 있었고, 예일대 토머스 실리Thomas Seeley 교수 연구실로 가면 꿀벌의 행동과 생태를 연구하게 될 것이고, 사회생물학의 창시자 하버드대 에드워드 윌슨 교수의 지도를 받으면 아마도 개미를 연구하게 될 것 같았고, 미시간대 윌리엄 해밀턴William Hamilton 교수에게 가면 도대체 왜 어떤 동물은 사회를 구성해 살고 다른 동물들은 홀로 살게 되었는지 그 진화적 배경에 관한 이론 생물학적 연구를 할 수 있을 것 같았다. 짐작하겠지만 이 무렵 나는 이미 지적으로 동물의 왕국 수준을 넘어섰다. 사회성 진화에 관한 보다 근본적인 문제에 관심을 갖기 시작했다. 네 개 대학 중에서 단연 1순위는 다윈 이래 가장 위대한 생물학자로 칭송받던 해밀턴 교수가 있는 미시간 대학교였다.

1982년 겨울 해밀턴 교수의 초청으로 나는 미시간대가 있는 앤아버를 찾았다. 그때 해밀턴 교수의 집에서 보낸 일주일은 내 생애에서 가장 빛나는 순간 중 하나였다. 낮에는 학교를 둘러보고 다른 교수들도 만나며 지냈지만 매일 저녁 그의 거실에서 숨소리가 들릴 듯 가까이 앉아 생물의 진화 전반에 걸쳐 나눈 대화는 젊은 생물학도인 내게는 매 순간이 그야말로 가슴 떨리는 경험이었다. 그런데 우리의 대화는 자꾸 어긋나고 있었다. 나는 그에게 줄기차게 사회성 진화에 대해 묻고 있었지만 그는 너무나 자주 내게 내 석사 연구에 대해 묻고 있었다. 그 무렵 그는 장차 기생충학의 르네상스를 불러일으킬 연구를 하고 있었고, 어쩌면 그래서 나에게 박사 과정 입학을 허락했는지도 모른다. 이듬해 결국 그는 영국 왕립학회 회원으로 추대돼 옥스퍼드 대학으로 자리를 옮겼고, 나는 그가 비록 옥스퍼드로 데려가겠다고 약속했지만 여러 사정상 그리 하지 못하고 하버드대에 진학했다.

1980년대 초 해밀턴 교수가 기생충학을 전혀 새로운 단계로 부활시키기 전까지 기생충 학자는 물론 거의 모든 생물학자들은 아무런 의심 없이 〈기생충은 신중하다〉라는 명제를 당연한 철칙으로 생각했다. 기생충이 신중하지 않으면, 즉 자신이 몸담고 있는 기주host를 무작정 착취하면 결국 스스로 삶의 터전을 망가뜨리는 꼴이라는 논리에 의문을 제기하는 이가 아무도 없었다. 이 세상 모든 진화는 공진화co-evolution다. 생태계 구성원 모두 먹이 사슬과 사회 관계망으로 얽혀 있는 마당에 다른 생물과 아무런 연계 없이 홀로 진화하기란 오히려 불가능하다. 1960년대 중반 저명한 생태학자 파울 에를리히Paul Ehrlich, 피터 레이븐Peter Raven, 댄 잰즌Dan Janzen 등이 나비와 식물, 그리고 식물과 개미가 서로 의존하며 함께 진화한다는 주장을 처음 내놓았을 때 생물학자들은 대체로 회의적이었다.

이런 분위기 속에서 해밀턴 교수는 기생충, 좀 더 정확히 말해서 병원균을 포함한 넓은 의미의 기생생물parasite이 이 지구 생물계에 성sex을 탄생시켰다고 설명했다. 기주에 비해 세대가 훨씬 짧은 기생생물은 그만큼 빨리 새로운 유전자 조합을 만들 수 있다. 이런 기생생물의 공격에 대응하기 위해 기주 생물들은 유성 생식을 통해 유전자를 섞음으로써 전혀 예상할 수 없는 새로운 유전자 조합을 창조해 낼 수 있다. 해밀턴 교수는 또 수컷들의 화려한 2차 성징도 기생생물에 대한 강한 면역력을 과시하기 위한 수단으로 진화했다고 설명했다. 그 많은 기생생물의 공격을 받으면서도 화려한 깃털과 거대한 뿔을 뽐낼 수 있음은 바로 유전적 탁월함의 상징이라는 것이다.

해밀턴 교수의 기존 상식을 뒤엎는 창의적인 논문들 덕택에 기생충학은 지금 화려한 르네상스를 맞고 있다. 세계 유수의 대학에서 진화 생물학 분야로 박사 과정을 밟고 있는 대학원생들의 절대 다수가 기생생물의 생태 또는 유전을 연구하고 있다. 한때 징그럽고 주변부 주제에 지나지 않았던 기생생물학 분야가 생물학의 중심에 우뚝 서게 되었다. 이 같은 추세에는 해밀턴 교수가 지적한 성의 진화와 기생자의 관계가 기폭제 역할을 했지만 앞에서도 언급한 바와 같이 기생이 비교적 최근에 나타난 생활 방식이라는 점도 중요한 요인으로 작용했다. 진화의 속도가 가장 빠른 기생생물은 여러 다양한 진화 메커니즘을 밝히고 검증하는 데 더할 수 없이 훌륭한 실험 재료다. 몇 해 전부터 거의 해마다 어김없이 발생하는 조류독감, 사스, 에이즈, 코로나19 등 전염성 질병을 일으키는 바이러스가 매번 신종이라는 보도만 보더라도 기생생물의 유전적 변이가 얼마나 빠른 속도로 나타나고 있는지 짐작할 수 있다.

나는 결국 해밀턴 교수를 사사하지 못했지만 기생충학이 르네상스를 맞이하던 시절에 공부한 덕에 최근 들어 자주 겪고 있는 전염성 질환에 대해 의대 감염내과 교수들과 사뭇 다른 각도에서 문제를 볼 수 있다고 생각한다.

병원체도 혼자선 살 수 없는 기생생물이다. 따라서 병원체는 독성을 낮추는 방향으로 진화한다는 것이 학계의 통념이었다. 앞서 말한 것처럼 기생생물은 모름지기 신중해야 하는데 자칫 기주를 너무 일찍 죽게 만들면 자기가 사는 집을 불태우는 셈이라는 논리다. 기생과 포식은 기본적으로 동일한 현상이다. 다만 포식동물은 먹이를 곧바로 죽여서 잡아먹지만 기생생물은 기주를 서서히 죽이며 오랫동안 양분을 빨아먹도록 진화했다고 생각했다.

문제는 말라리아였다. 방역과 퇴치에 연 3조 원 남짓 쏟아붓건만 여전히 해마다 40만 명 이상 죽어 나간다. 오랫동안 의학자들을 괴롭히던 이 수수께끼는 1993년 미국의 진화 생물학자 폴 이월드P. W. Ewald가 『전염성 질병의 진화』(1996)에서 질병의 독성과 전염성은 역의 상관관계를 보일 수밖에 없다는 사실을 밝히면서 가지런히 설명되기 시작했다. 직접 감염에 의해 전파되는 감기와 독감의 경우처럼 독성이 너무 강해 자기가 감염시킨 숙주를 돌아다니지 못하게 만드는 병원체는 증식과 전파에 한계가 있다. 그러나 모기가 옮겨 주는 말라리아 병원체는 숙주의 이동성을 걱정할 필요가 없다. 버젓이 피를 빠는 모기를 때려잡을 기력조차 없도록 만들어야 더욱 안전하고 쉽게 다음 기주로 옮아 갈 수 있다. 전파가 쉬워지면 독한 병원체가 고개를 든다. 방역을 철저히 해야 하는 이유가 여기에 있다.

바이러스와 인간도 공진화한다. 미국 국립 알레르기·전염병 연구소의 앤서니 파우치Anthony Fauci 소장이 코로나19 바이러스가 변이를 일으켜 전파력이 여섯 배나 높아졌다고 발표했을 때 대부분의 언론은 공포의 뉴스로 보도했지만, 진화 생물학자인 내게는 사뭇 희망적인 소식처럼 들렸다. 바이러스와 인간이 공진화하는 과정에서 바이러스가 드디어 숨 고르기 단계에 진입했다는 징후로 보였기 때문이다. 실제로 세계 거의 모든 나라에서 코로나19의 치사율은 지속적으로 감소하고 있다. 미국 뉴욕과 유럽 여러 나라에서 2020년 7월 이후 환자 수가 다시 증가하고 있지만 사망자 수는 그에 비례해 늘지 않고 있다. 감염성 질병이란 원래 독성과 전염력의 양면성을 지닌다. 말라리아처럼 모기가 중간 매개체 역할을 해주는 간접 감염에 의한 질병의 경우에는 독성이 강할수록 더 손쉽게 전파된다. 그러나 감기, 독감, 사스, 메르스, 코로나19 같은 직접 감염 질환의 경우에는 독성이 강하면 전염력이 떨어질 수밖에 없다. 독성이 지나치게 강한 바이러스는 이미 감염시킨 환자와 운명을 같이할 뿐 다른 사람에게 옮길 기회가 적어지기 때문이다. 바이러스 변이들 간에도 자연선택은 어김없이 일어나는 것이다. 조기에 전파 경로만 차단하면 법정 전염병으로 확산되는 것을 능히 막을 수 있다.

이번 코로나19의 경우는 좀 독특하다. 나는 코로나19 사태 초기에 이번 코로나 바이러스를 〈매우 약은 놈〉이라고 불렀다. 바이러스는 엄밀한 의미에서 생물도 아닌데 약다는 표현은 다분히 의도된 의인화로 이해해야 한다. 감염 초기 며칠 동안에는 증상을 느끼지 못할 정도로 아주 조신하게 진입하는 바람에 우리는 감염된 줄도 모른 채 평소처럼 사람들을 만나며 활동하다 바이러스를 널리 퍼뜨리는 우를 범한다. 그러나 일단 기관지나 폐 등 장기로 진입하기 시작하면 무서운 속도로 증식해 감염된 사람을 중증에 빠뜨린다. 그렇다고 해서 일각에서 주장하는 것처럼 우한 바이러스 연구소에서 일부러 퍼뜨렸을 확률은 매우 낮다고 생각한다. 만일 우한 연구소의 어느 연구원이 그런 목적을 가지고 이런 절묘한 조합을 지닌 바이러스를 합성하는 연구를 기획했더라도, 엄청난 우연의 도움이 없이는 그의 생애 안에 성공할 가능성은 거의 없다고 단언할 수 있다.

그러나 자연에서는 가능하다. 자연에는 워낙 다양한 바이러스가 존재하고 그들은 매 순간 끊임없이 새로운 변이를 만들어 내고 있기 때문에 어떤 독특한 조합이라도 나타날 확률은 충분하다고 생각한다. 자연은 앞으로도 계속해서 우리가 미처 예상하지 못한 다양한 형태와 기능을 가진 신종 바이러스를 탄생시킬 것이다. 공진화 이론에 기반한 우리의 현명한 대응이 필요하다.

4
팬데믹과 생태학

미시간대 생물학과에 조교수로 부임한 지 얼마 되지 않아 나는 역사학과 박사 논문 심사에 불려갔다. 역사학과에서 왜 생물학자를 부를까 의아했는데, 우리 인류가 농경을 하며 해충과 벌인 전쟁의 역사가 논문 주제였다. 지금은 미국 카네기멜론 대학 역사학과 석좌교수로 재직하고 있는 에드먼드 러셀Edmund Russell이 바로 그 학생이었다.

그의 저서 『전쟁과 자연War and Nature』(2001)을 보면 지금 코로나19 방역 과정에서 사용하는 종식cessation, 퇴치eradication, 박멸extermination, 섬멸annihilation 같은 표현들은 우리가 이미 해충 구제 현장에서 수도 없이 사용했던 용어란 걸 알 수 있다. 더 거슬러 올라가면 이 용어들은 모두 전쟁터에서 쓰이던 것들이다. 그러나 해충이나 병원체를 대할 때에는 군사 전략을 수행하는 게 아니라 경찰 활동을 벌여야 한다. 군대는 적진으로 쳐들어가 적을 박멸하고 퇴치해 전쟁을 종식시키는 게 목표지만, 경찰의 임무는 질서 유지와 시민의 안전이다. 그래서 경찰은 사건 현장에 폴리스 라인을 치고 상황을 수습하고 시민을 안전하게 보호하는 활동을 한다. 코로나19 바이러스와 전쟁을 선포하고 마지막 바이러스 한 톨까지 악착같이 섬멸하는 게 목표라면 그 전쟁은 영원히 끝나지 않을 확률이 높다.

우리 인류가 노력해서 퇴치하는 데 성공한 바이러스는 그 많은 바이러스 중에서 단 하나, 천연두 바이러스뿐이다. 바이러스와 해충을 상대로 하는 전쟁은 진화적으로 해야 한다. 우리가 그리 대수롭지 않게 여기는 감기도 코로나 바이러스가 일으키는 질병이다. 감기 바이러스가 처음 인류를 공격하기 시작하던 초창기에는 아마 많은 사람을 죽였을 것이다. 그러나 시간이 흐르면서 독성이 강한 바이러스 변이는 이미 감염시킨 사람과 함께 스러지고, 감염됐어도 일상생활을 영위하는 데 별 지장이 없는 경우에는 비교적 온건한 바이러스를 서로 옮겨 주며 함께 살게 된 것이다. 우리나라처럼 방역을 철저하게 하거나 미국과 브라질처럼 많은 사람이 죽고 나면 독성이 강한 변이는 저절로 자연선택 과정에서 도태되고 상대적으로 약한 변이가 득세하게 되어 있다.

　나는 이번 코로나19 사태 초반에 백신에 대해 조금은 부정적인 의견을 개진했다가 상당한 비난을 감수해야 했다. 너무나 많은 감염 전문가와 사회 지도층 인사들이 코로나 바이러스를 박멸하고 이 사태를 종식시키려면 어서 빨리 백신이 개발돼야 한다고 한목소리를 내기에, 심지어 빌 게이츠까지 그 대열에 합류하기에 현실은 그리 녹록하지 않다는 얘기를 했다가 뜻하지 않게 곤혹을 치렀다. 백신을 개발하지 말라고 말하는 것이 결코 아니다. 나는 절대로 백신 무용론자이거나 백신 반대론자가 아니다. 다만 백신을 개발하는 일이 그리 쉽지 않다는 것을 알리려 했을 뿐이다. 백신은 개발하는 데만 적어도 1~3년이 걸리는 게 보통이다. 그것도 모든 조건이 잘 맞아떨어졌을 때 그렇다. 우리가 해마다 맞고 있는 독감 백신의 효율성은 특별히 좋은 해에 겨우 50퍼센트를 넘긴다. 독감 백신은 1940년대에 처음 개발되었지만 예방 효과를 현재 수준으로 끌어올리는 데 무려 70년이 걸렸다. 1980년대 여러 유명인의 목숨을 앗으며 전 세계를 공포로 몰아넣었던, 이제는 누구나 아는 유명한 질병이 된 에이즈도 30년이 넘도록 여전히 백신이 개발되지 않고 있다. 게다가 만일 사스, 메르스, 코로나19와 같은 인수 공통 바이러스의 창궐 주기가 점점 짧아져 3~5년마다 한 번씩 일어난다면 우리의 백신 개발 노력은 늘 뒷북을 칠 수밖에 없다. 백신의 안전성을 담보하고 효율성을 높이려면 역설적으로 바이러스가 계속 창궐하고 있어야 하는데, 수십만 명이 죽어 나가고 세계 경제가 나락으로 곤두박질칠 무렵이면 바이러스의 위세는 저절로 한풀 꺾이기 마련이다. 이때쯤 되면 제약 회사들은 당연히 경제성을 계산할 수밖에 없다. 사스와 메르스 백신이 개발되지 않은 것도 바로 이 때문이다.

백신이 만들어지고 집단 면역을 기대하며 넋 놓고 기다리는 것보다 우리가 당장 할 수 있는 길을 찾아야 한다. 실험실에서 제조해야 하는 〈생체 백신〉보다 더 현실적이고 어떤 면으로는 더 강력하고 확실한 백신이 있음을 알리고 싶었다. 바로 〈행동 백신behavior vaccine〉과 〈생태 백신eco-vaccine〉이 그것이다. 손 씻기, 마스크 쓰기, 사회적 거리 두기 등은 비용을 들이지 않고 우리가 행동으로 할 수 있는 훌륭한 방어책이다. 이번에 우리 국민은 5천만이 한마음으로 방역 수칙을 준수했다. 모두 훌륭한 행동 백신을 접종한 것이다. 내가 이를 행동 수칙이라 하지 않고 군이 행동 백신이라 부를 수 있는 것은 모두가 동참했기 때문이다. 백신

은 사회 구성원의 적어도 80퍼센트 이상이 접종해야 비로소 집단 면역herd immunity의 효과를 볼 수 있다. 그런데 이번에 우리 국민은 거의 100퍼센트에 가까이 동참하며 성숙한 민주 시민 의식을 보여 주었다. 우리 정부는 정부대로 국민의 〈행동 백신〉 효율성을 높이기 위해 디지털 접촉자 추적digital contact tracing 시스템을 가동해 세계가 주목할 만한 성공을 거뒀다. 중앙 정부가 나서서 개인 정보를 취합한다는 점에서 위법적일 수 있다는 국제 사회의 비판에 나는 국제적 과학 리뷰 저널인 『인퍼런스Inference』에 논문(Choe, 2020)을 게재해 구글이나 애플 같은 민간 업체가 개발한 앱을 사용하는 것보다 덜 침해적이라는 주장을 제시했다. 우리나라도 2011년에 매우 엄격한 개인 정보 보호법Personal Information Protection Act을 제정해 지키고 있다.

다만 메르스 사태를 겪으며 2016년 국회에서 〈감염병 예방 및 관리에 관한 법률〉 개정안을 통과시켜 감염병으로 인한 국가 위기 상황에서는 개인 정보 보호법을 일시적으로 중단하고 보건복지부와 질병관리본부(현 질병관리청)가 위치 정보, 대중교통 이용 기록, 출입국 기록, CCTV 영상 정보, 처방 및 의료 정보, 개인 식별 정보, 신용카드 사용 정보 등을 수집·분석·공유할 수 있도록 만들어 둔 것이 이번에 매우 유용했다.

우리나라를 제외한 다른 거의 모든 나라들은 시민들에게 추적 앱을 설치하도록 독려하는 방법을 취했는데 사회 구성원의 적어도 80퍼센트 이상이 앱을 설치해야 시스템이 효율적으로 작동되건만 정부 시책을 잘 따르기로 유명한 싱가포르에서도 협조한 시민이 전체의 20퍼센트에 지나지 않았다. 개인 정보 논란이 두려워 전혀 효율적이지 못한 정책을 실시하는 게 과연 옳은 일인지 자문해야 한다고 생각한다. 생명의 가치는 모든 다른 가치에 우선한다.

〈Too good to be true(믿기지 않을 만큼 좋다)!〉 나는 최근 내 개인 기명 칼럼에 영어 표현까지 쓰며 무한한 반가움을 드러냈다. 화이자와 모더나가 개발한 코로나19 백신의 효험이 90퍼센트를 웃돈다고 한다. 옥스퍼드 대학과 아스트라제네카가 공동 개발한 백신도 거의 90퍼센트의 효율성을 자랑한다. 정말 믿기 어려울 만큼 좋은 소식이다. 갓난아기 때 맞은 백신 이후 우리가 성인이 되어 맞는 백신은 독감 백신이 거의 유일하다. 그런데 이 백신은 효험이 좋은 해가 겨우 50퍼센트 수준에 이른다. 백신을 개발하는 데 10~15년 정도 걸리는 게 보통인데 이번에는 어떻게 이처럼 빨리 효율적인 백신을 만들 수 있었을까?

첫째, 투자 규모가 달랐다. 세계 80개국이 개발에 참여했고, 미국 정부는 주요 제약 회사에 100억 달러 이상을 지원했다. 때로 백신이 개발될 무렵이면 에피데믹이나 팬데믹의 상황이 어느 정도 안정되기 때문에 안전성이나 효율성을 검증할 충분한 수의 사람을 확보하기 어렵다. 이쯤 되면 제약 회사들은 곧바로 경제성을 계산하게 되는데 개발해도 수요가 그리 많지 않다고 판단하면 개발을 멈출 수 있다.

둘째, 이번에는 전통적 행정 절차를 뛰어넘어 여러 단계를 한꺼번에 진행하는 병행 처리parallel processing 방식을 채택한 게 주효했다. 사태가 워낙 심각하다 보니 각국 정부도 행정 절차를 간소화하는 노력을 아끼지 않았다.

하지만 이보다 더 결정적인 원인은 바로 기초 과학의 발전이다. 종전의 백신은 바이러스를 약화하거나 바이러스 단백질을 정제해서 만들었는데 이번에 화이자와 모더나가 만든 백신은 전령리보핵산mRNA으로 제작했다. 이 백신을 접종하면 실제로 병을 유발하지 않으면서 면역계에 곧바로 바이러스 유전 정보를 전달해 미리 항체를 준비하도록 만든다. 우두에 걸린 사람의 종기에서 고름을 채취해 주입했던 에드워드 제너Edward Jenner의 종두법과 그 뒤를 이은 모든 〈생체 백신〉보다 제작 기간이 훨씬 짧고 당연히 안전성도 높을 것으로 기대한다. 앞서 언급한 제약 회사들 말고도 세계 유수의 회사들이 모두 개발에 매진하고 있어서 조만간 성공 소식이 이어지리라 기대한다.

이제 드디어 지구촌이 집단 면역의 우산 아래 보호받을 날이 성큼성큼 다가오고 있는 것 같다. 우리나라는 백신을 제작할 수 있는 좋은 시설을 갖추고 있어 개발에 성공한 외국의 제약 회사들이 대량 생산 단계에 들어갈 때 제휴를 요청할 가능성이 있다. 만일 그렇게 된다면 생산한 다음 일부를 국내에서 유통할 수 있도록 계약 조건을 유리하게 협상할 수 있을 것이다.

이번에 우리 국민은 모두 성실하게 행동 백신 접종에 동참했지만 그런 이면에는 속절없이 무너지는 경제 걱정이 만만치 않다. 그래서 나는 일이 벌어지고 난 다음에 접종할 수 있는 행동 백신보다 더 근본적이고 확실한 백신으로 생태 백신을 제안한다. 바이러스가 애당초 우리에게 건너오지 못하도록 야생 동물을 함부로 건드리지 말아야 한다. 박쥐, 사향고양이, 낙타, 천산갑이 목표 지향적으로 우리에게 바이러스를 옮겨 줄 리 없다.

사실 생태 백신은 전혀 새로운 개념이 아니다. 그동안

제인 구달, 에드워드 윌슨, 데이비드 애튼버러 경Sir David Attenborough 등 수없이 많은 사람이 줄기차게 떠들어 왔다. 나도 나름 열심히 노력했다. 자연을 보호하는 게 궁극적으로 더 이롭다고. 하지만 사람들은 귀 기울이지 않았다. 그러다 이런 엄청난 대재앙을 만난 것이다. 그동안 귀가 아프도록 듣던 〈자연 보호〉라는 구호를 내가 〈생태 백신〉으로 개명한 것일 뿐이다. 우리가 이를 백신으로 부르는 순간 모두 함께 맞아야 한다. 그동안 그저 몇 사람만 자연 보호를 부르짖고 나머지는 대충 무관심했다면 이제는 78억 전 세계인이 함께 자연을 존중하기를 바라는 마음에서 내가 새롭게 만든 용어다. 자연을 보호하는 것이 개발하는 것보다 때로 훨씬 더 경제적이다. 이제 자연과 우리의 관계를 재정립해야 한다. 생태 백신이 정답이다.

우리는 은연중에 경쟁에서 이겨야만 살아남을 수 있다고 생각한다. 이런 사고방식에 나는 다윈에게 어느 정도 책임이 있다고 생각한다. 다윈이 생존 투쟁struggle for existence을 지나치게 강조한 것은 사실이다. 그러나 더 엄밀히 말하면 이는 다윈의 잘못이 아니라 그의 이론을 소개한 사람들이 경쟁만을 지나치게 강조했기 때문이다. 다윈의 저서들을 꼼꼼히 읽어 보면 그는 경쟁에서 이기는 방법으로 단순히 직접적인 경쟁direct competition만 얘기하지 않았다. 그는 자원은 한정되어 있고 그 자원을 원하는 존재들은 많은 상황에서 경쟁은 불가피하지만 경쟁에서 우위를 점하는 방법은 다양하다고 설명했다.

우선 남을 잡아먹어야만 살 수 있는 포식predation이 있고, 모기나 바이러스처럼 남에게 빌붙어 살아가는 기생parasitism이 있다. 실제 삶의 형태는 다르게 보이지만 에너지 전환의 관점에서 볼 때 포식과 기생은 결국 같은 관계다. 포식은 곧바로 죽여 섭취하는 행위이고, 기생은 대체로 서서히 에너지를 추출하는 상태를 의미한다. 포식과 기생이 한쪽이 일방적으로 에너지를 취하는 관계인 데 반해, 경쟁은 관계하는 두 생물 서로에게 기본적으로 피해를 야기한다. 경쟁자가 없으면 주어진 자원을 홀로 점유할 수 있는데 아무리 약한 경쟁자라도 자원의 일부라도 취하게 되면 결국 그만큼의 손해가 발생한 셈이다.

하지만 꼭 남을 해쳐야만 살 수 있는 것은 아니다. 상당히 많은 생물들이 서로 도우며 산다. 이를 공생symbiosis 또는 상리공생mutualism이라 부른다. 악어와 악어새, 개미와 진딧물, 벌과 꽃을 피우는 식물, 과일(씨를 감싸고 있는 당분)과 과일을 먹고 먼 곳으로 가서 배설해 주는 동물 등 자연계에

예는 차고 넘친다.

1980년대 초 탁월한 여성 생태학자 제인 루브첸코Jane Lubchenco는 미국 생태학회에서 흥미로운 관찰 결과를 발표했다. 회원 생태학자들에게 자신의 연구 주제를 적어 내라고 요청하고 그 설문 조사 결과를 분석해 보니 매우 흥미로운 현상이 나타났다. 남성 생태학자들은 압도적인 비율로 경쟁을 연구하고 있다고 답한 데 비해, 여성 생태학자의 거의 절반은 그 당시 이미 공생 관계를 연구하고 있다고 답했다. 지금은 남성 생태학자 중에서도 자연의 공생을 연구하는 학자가 많아졌다. 예전의 생태학이 주로 경쟁, 즉 〈눈에는 눈, 이에는 이〉 식의 미움, 질시, 권모 등이 우리 삶을 지배한다고 가르쳤다면, 이제는 자연에도 사랑, 희생, 화해, 평화가 실재하고 있음을 인식한다. 모두가 팽팽하게 경쟁만 하며 종종 누군가는 손해를 보며 사는 사회에서 서로 도우며 함께 잘 사는 방법을 터득한 생물들도 뜻밖에 많다. 경쟁 관계에 있는 생물들이 기껏해야 영합zero-sum 게임을 하는 데 비해 어우름을 실천하는 생물들은 그 한계를 넘어 더 큰 이득을 얻을 수 있다(최재천, 2014). 코로나19가 인간에게 공생과 연대의 정신을 가르쳤다. 바야흐로 생태학의 시대가 열리고 있다.

생명의 진화와 환경 파괴

1
생명의 본질

사람은 누구나 죽는다. 생명을 가진 모든 것이 다 그렇다. 적어도 이 지구라는 행성에 사는 생물들에게 부여된 생명은 예외 없이 한계성ephemerality을 지닌다. 이 지구 말고 다른 행성에도 과연 생명이 존재하는지에 대해 사람들은 끊임없이 궁금해한다. 확률적으로 생각해 볼 때 가능성은 양쪽으로 다 어렵다. 이 우주에 떠 있는 그 많은 행성들 중 오직 지구에만 생명이 존재하리라고 고집하기에는 그 확률이 너무 낮다. 그러나 이 지구에서 어떻게 생명이 처음 탄생했는지 생각해 보면 그렇게도 있음 직하지 않은 일이 또 다른 곳에서도 일어났으리라 기대하는 것에도 엄청난 무리가 있다.

나는 개인적으로 이렇게 마음을 정리했다. 이 지구에만 생명이 탄생했다고 우기기는 아무리 생각해도 쉽지 않은 일인 것 같아 어쩔 수 없이 다른 행성에도 생명이 존재할 가능성이 있다는 사실을 받아들이기로. 그러나 그 생명이 반드시 DNA를 바탕으로 하는 생명일 필요는 없다. 다른 행성의 생명들은 제가끔 다 나름대로 독특한 생명의 메커니즘을 지니고 있을 것이다. 그곳의 생명은 그야말로 영생의 존재일지도 모른다.

어쨌든 분명한 사실은 이 지구의 생명은 모두 수명, 즉 한계성을 띤다. 제아무리 천하를 호령하던 진시황도 한 줌 흙으로 돌아간 지 오래다. 〈생명〉이란 단어를 사전에서 뒤져 보면 많게는 수십 가지 정의들이 쏟아진다. 하지만 어린이용 사전들은 대개 〈출생에서 죽음까지의 기간〉이라는 정의를 택해 적어 놓았다. 아마도 〈살아 있다〉라는 시간적 정의가 가장 중요한 모양이다.

종교에서 바라보는 생명의 모습도 그리 다르지 않은 것 같다. 일단 한계성 생명을 부여한 다음 믿음과 의식을 통해 영원불멸의 경지에 도달할 수 있다고 가르친다. 기독교의 가르침에 따르면 우리가 우리를 창조하신 영원불멸의 존재를 믿고 그의 가르침을 거역하여 지은 원죄를 인정하면 내세에 이르러 영원히 살 수 있다고 한다. 불교에서는 생명이 한계성을 지니되 그것을 담아 줄 그릇, 즉 육체를 바꿔

가며 윤회한다고 가르친다. 한계성을 전제로 했지만 영생의 가능성을 열어 놓은 생명의 개념이다.

생물학적 생명의 개념은 생명의 주체가 누구인가라는 관점에서 논의되어야 한다. 생명의 주체란 다시 말해서 진화의 단위, 즉 자연선택의 수준을 말한다. 자연선택론을 제창한 다윈에게 생명의 주체 또는 진화의 단위는 논란의 여지도 없이 개체individual였다. 당시의 생물학적 지식으로는 개체가 바로 출생과 사망의 실체이고 번식의 단위였기 때문이다. 그러나 개체란 그 한계가 대단히 모호한 개념이다. 딸기밭에 가본 이들은 경험했을 것이다. 지상에 나와 있는 부분만을 보면 물리적으로 분리되어 있는 각각의 줄기들이 제가끔 따로 꽃을 피우고 곤충을 유혹하여 열매를 맺는다. 각자 독립된 개체이며 자기 생명의 주체처럼 보인다. 그러나 그들 중 줄기 하나를 휘어잡고 들어 올려 보라. 상당히 넓은 면적에 퍼져 있던 〈개체〉들이 줄줄이 딸려 올라올 것이다. 독립된 개체들처럼 보이던 지상 줄기들이 실제로는 모두 지하 줄기로 연결되어 있는 하나의 개체이기 때문이다.

앞마당의 닭들이 꼬꼬댁거리며 모이도 쪼아 먹고 짝짓기도 하는 걸 보면 닭이 닭이라는 생명의 주체일 것 같다.

그래서 우린 닭이 알을 낳는다고 생각한다. 하지만 과연 그런지 한번 뒤집어 보자. 어쩌면 알이 닭을 낳는 것은 아닐까? 닭의 눈으로 보지 말고 알 속에 들어 있는 유전자의 눈으로 다시 보라. 닭은 잠시 이승에 나타났다 달이 차면 사라져 버리는 일시적인 존재에 지나지 않지만 태초부터 지금까지 면면히 숨을 이어 온 알 속의 DNA야말로 진정 닭이라는 생명의 주인이다. 적어도 이 지구에 사는 닭이라는 생명에게는 말이다.

하버드대 사회생물학자 윌슨은 영국의 소설가 새뮤얼 버틀러Samuel Butler의 표현을 빌려, 〈닭은 달걀이 더 많은 달걀을 복제하기 위해 일시적으로 만들어 내는 매체에 지나지 않는다〉라고 설명했다. 옥스퍼드 대학의 진화 생물학자 리처드 도킨스Richard Dawkins도 〈불멸의 나선immortal coil〉인 DNA에 의해 한시적으로 만들어진 생명체들을 그저〈생존 기계survival machine〉라고 불렀다. 생명체를 일시적 집합체로 보는 불교의 무아(無我) 개념은 하나의 생명체를 만들었다가 해체시키고 또 만들고 하는 DNA의 존재를 연상하게 한다. 기나긴 진화의 역사를 통해 볼 때 개체는 잠시 나타났다 사라지는 덧없는 존재이고, 영원히 살아남을 수 있는 실체는 바로 자손 대대로 물려주는 유전자뿐이다. 알이 닭을 낳는다고 깨달으면 생명은 어느새 영속성perpetuity을 지닌다.

지금으로부터 약30억 년에서 40억 년 전 지구의 표면을 덮고 있던 원시 바다 속에 떠다니던 각종 유기물들이 외계의 에너지에 의해 점점 더 커다란 분자들로 합성되던 중 우연히 자신의 복사체들을 만들어 내는 능력을 지닌 분자, 즉 DNA가 탄생하면서 이 지구상에 생명의 역사가 시작되었다. 그 후 DNA는 자기 복제를 더 효과적으로 수행해 줄 근육, 심장, 눈 등의 생존 기구들을 만드는 데 성공한다. 태초에는 보잘것없는 단순한 화학 물질에 지나지 않았지만 단세포 생물을 거쳐 급기야는 인간을 비롯한 복잡한 다세포 생물들이 분화되어 나온 것이다. 그러나 제가끔 다른 모습을 하고 있는 이 모든 생물체들 속에 태초부터 지금까지 살고 있는 존재는 다름 아닌 불멸의 나선 DNA다.

DNA의 기본 구조는 현재까지 확인된 모든 생명체에서 동일하다. 다윈이 주장한 대로 오늘날 이처럼 다양한 지구상의 모든 생물들은 태초에 우연히 생성된 성공적인 하나의 복제자로부터 분화되어 나왔기 때문이다. 비록 오랜 세월이 지난 지금에는 제가끔 보다 효율적인 복제를 위해 다른 생존 기계들 안에 들어앉아 있지만 과거로 거슬러 올라

가면 모두 하나의 조상을 모시는 한 집안 식구들이다. 이처럼 생명은 무수히 많은 가지를 뻗었으나 모두 하나로 연결되어 있는 연속성continuity을 지닌다.

〈생각한다, 고로 존재한다〉라는 명언을 남긴 17세기 프랑스 철학자 데카르트는 인간만이 유일하게 사고할 수 있는 능력을 지녔다고 주장했다. 그는 송과체pineal body라는 뇌 조직이 당시 인간의 뇌에서만 발견된 점에 주목하여 송과체가 바로 유일하게 인간만이 갖고 있는 〈혼soul〉이 담겨 있는 곳이라는 사뭇 성급한 결정을 내렸다. 그 후 송과체는 도마뱀을 비롯한 다른 많은 척추동물들의 뇌에서 발견되었고 그 기능도 대부분 혼의 존재와는 거리가 먼 것으로 밝혀졌지만, 데카르트는 그에 대해 아무런 언급도 하지 않았다.

하지만 이 같은 데카르트의 이원론dualism은 기독교적 관념론과 더불어 서양의 인본주의를 철저하게 뒷받침해 주었다. 「창세기」 제1장 27절은 〈하느님이 자기 형상 곧 하느님의 형상대로 사람을 창조하시되……〉라고 적고 있다. 이 얼마나 철저하게 인간 중심적인 오만이고 하느님을 향한 처절한 짝사랑인가. 이 방대한 우주 전체를 만드신 분이 어찌하여 이 넓은 우주에 떠 있는 수많은 행성들 가운데 그리 대수롭지도 않은 한 점 먼지와 같은 지구에 오셔서 그 위에 살고 있는 많은 생물들 중 오직 우리만 당신의 모습대로 만드셨다는 것인가? 지구에 살아온 다른 모든 생명체들은 자연의 선택을 받는 동안 어떻게 우리 인간만 홀로 신의 선택을 받았다는 것인가?

지난 밀레니엄을 마감하며 미국의 몇몇 언론인들은 학자와 예술가들을 대상으로 실시한 설문 조사 결과를 바탕으로 지난 천 년 동안 인류에게 가장 큰 영향을 미친 인물 천 명을 선정하여 『1천년 1천인』이란 책을 출간했다. 이 책에서 다윈은 갈릴레이와 뉴턴에 이어 과학자로는 세 번째로, 전체로는 7위에 선정되었다. 그의 진화론이 생물학의 범주를 넘어 다른 학문 영역들은 물론 우리의 일상생활에도 폭넓게 영향을 미쳤음이 인정된 것이다. 실제로 그 영향은 가히 혁명적이라 평가되어 과학사학자들은 이를 흔히 다윈 혁명Darwinian revolution이라 부를 정도다.

다윈이 제안한 자연선택론의 의의에서 가장 중요한 것 중 하나는 바로 인간을 모든 다른 생물체들로부터 분리시키는 이른바 이원론에 바탕을 둔 인본주의의 허구와 오만으로부터 우리를 구원해 주었다는 점이다. 인간과 원숭이가 그 옛날 같은 조상을 지녔다는 사실만큼 우리를 철저히 겸허하게 만드는 일은 또 없을 것이다. 분자생물학적 연구에 의하면 우리 인간은 침팬지와 거의 99퍼센트에 가까운 유전자를 공유하고 있다고 한다. 인간도 남자와 여자가 따로 있고 그들이 만나 수태하여 아이를 만들어 자궁 속에서 일정 기간 동안 키우다가 낳은 뒤에는 또 젖을 먹여 키우는 젖먹이동물의 일종임에 틀림이 없다.

그러나 인간이 참으로 특별한 종임을 부인할 수는 없다. 아무리 침팬지가 우리 인간과 유전적으로 유사하다고 해도 그들의 언어는 이른바 대뇌변연계limbic system라고 불리는 뇌 조직에서 만들어지고 이해된다. 자연계에서 어떤 형태로든 언어를 구사하는 모든 동물들 중 인간만이 유일하게 언어 기관을 생각하는 뇌인 대뇌피질로 옮기는 데 성공했다. 이는 실로 엄청난 진화적 도약이었다. 대뇌를 기반으로 한 언어의 발달이 인간의 진화에 미친 영향은 실로 엄청나지만, 인간도 엄연히 이 자연계의 한 구성원이며 진화의 역사를 가진 한 종의 동물에 불과하다는 사실은 변함이 없다.

요사이 부쩍 달이나 화성을 비롯한 다른 행성들에 생명이 존재할 가능성에 대해 많은 관심과 논란이 일고 있다. 그러나 설령 다른 행성에 생명체가 존재한다고 하더라도 그들이 지구의 생명체들과 같은 메커니즘에 의한 생명 현상을 보일 확률은 대단히 낮다. 하버드 대학의 고생물학자 스티븐 J. 굴드Stephen J. Gould는 그의 저서『생명, 그 경이로움에 대하여 Wonderful Life』에서 지구상에 존재하는 생명 현상의 엄청난 우연성fortuity에 대해 논한다. 크리스마스 때면 어김없이 미국 TV에 몇 번이고 재방영되는 제임스 스튜어트 주연의 영화(「원더풀 라이프」)에서 제목을 따온 이 책에서 굴드는 만일 우리가 지구 생태계의 역사를 담은 필름을 처음부터 다시 돌린다고 했을 때 지금과 같은 생명체들이, 그중에서도 특히 마지막 장면에 우리 인간이 출현할 가능성은 희박하다고 설명한다.

생명의 역사를 돌이켜 보면 단세포 생물들로부터 보다 복잡한 다세포 생물들이 분화되어 나온 것은 사실이나, 모든 단순한 생물들의 구조가 다 복잡해지는 방향으로 진화하는 것은 아니다. 시간이 흐름에 따라 전보다 복잡한 생물들도 등장한 것이지 모든 생물들이 보다 복잡해지는 방향으로 진화하는 것은 결코 아니다. 단세포 생물 중에서도 태초부터 지금까지 이렇다 할 변화를 겪지 않고 살아남은 것들도 있고, 비교적 최근에 분화된 것들도 있다. 문제를 보다 효과적으로 풀기 위해 구조가 언제나 복잡해져야 하는 것은 아니기 때문이다. 기능적으로는 훨씬 진보된 제트 엔진 비행기가 구조적으로는 프로펠러 비행기보다 훨씬 단순하지 않은가?

이렇듯 진화에는 목적성도 없고 방향성도 없다. 도킨스의 표현을 빌리면 진화는 〈눈먼 시계공The Blind Watchmaker〉에게 맡겨진 시계의 운명과도 같다. 늘 아끼던 시계가 고장이 나서 수리점에 가지고 갔는데 시계를 고쳐 주겠다는 시계공이 맹인이었다고 상상해 보라. 그 시계가 제대로 고쳐지리라고 기대하기 어려울 것이다. 지금 지구상에 현존하는 생물들의 엄청난 다양성도, 그들이 그동안 이 지구에 살았다 절멸해 버린 모든 종들에 비하면 극히 일부에 지나지 않는 것도 바로 이런 연유에서다.

화석 증거에 의하면 지구상에 태어나 지금까지 살고 있거나 이미 사라져 간 모든 생물들 중 인간은 거의 막둥이 격이다. 분자유전학적 분석 결과에 따르면 인류와 침팬지가 하나의 공동 조상으로부터 분화된 것은 지금으로부터 불과 600만 년 전의 일이다. 600만 년이란 시간은 진화사의 관점에서 보면 그리 긴 시간이 아니다. 지구의 역사를 하루에 비유한다면 1분도 채 안 되는 지극히 짧은 시간이다. 현생 인류가 탄생한 것은 그보다도 훨씬 최근인 15만 내지

23만 년 전의 일이고 보면 인간은 그야말로 순간에 〈창조〉된 동물이다. 그런데 그 어린것이 버르장머리 없이 온통 흙탕물을 튀기고 있다.

진화는 결코 우리 인류를 탄생시키기 위해 만들어진 과정이 아니다. 이 지구는 우리 인간을 탄생시키기 위해 그렇게 열심히 태양의 주위를 돈 것이 절대 아니라는 얘기다. 자연선택은 어떤 목표를 향해 합목적적으로 진행되는 미래 지향적 과정도 아니며 보다 나은 미래를 위해 모든 합리적인 해결 방법을 총동원할 수 있는 공학적인 과정도 아니다. 그래서 적자생존의 과정을 수없이 반복하고 난 결과는 완벽한 인간의 등장일 수밖에 없다는 식의 생각은 지나친 인본주의 또는 인간 중심주의의 그릇된 결론에 지나지 않는다. 생명은 지극히 낭비적이고 기계적이며 미래 지향적이지도 못하고 다분히 비인간적인 과정에 의해 창조되었다. 하지만 그처럼 부실해 보이는 과정이 오랜 세월 동안 수많은 단계들을 거듭하며 선택의 결과들이 누적되어 오늘날 이처럼 정교하고 훌륭한 적응 현상들을 낳은 것이다.

인간의 본성, 의식, 문화 등 우리가 특별히 인간적인 특성으로 간주하는 그 모든 면도 궁극적으로는 진화의 산물일 수밖에 없다. 유전자란 도덕이나 윤리 의식을 가진 주체

3장 생명의 진화와 환경 파괴

가 아니라 오로지 자기 복제를 하기 위해 끊임없이 노력하는 이기적인 존재일 뿐이다. 이것이 바로 자연선택이 비도덕적(더 정확히 말하면 무도덕적amoral)인 과정일 수밖에 없는 이유다. 이처럼 자연선택은 근본적으로 지극히 단순하고 기계적인 과정이지만 이 엄청난 생명의 다양성을 탄생시킨, 〈자연이 선택한〉 가장 강력한 메커니즘이다.

그 DNA가 이제 드디어 우리에게 자신의 비밀을 열어 보이고 있다. 인간 유전체의 전모가 밝혀지며 우리는 바야흐로 DNA가 우리를 어떻게 만들었는가를 들춰내기 시작했다. 그러곤 그 지식을 이용하여 급기야 생명체를 복제할 수 있게 되었다. 진화의 역사에서 DNA가 이룩한 가장 위대한 업적이라 해도 지나침이 없을 인간의 두뇌를 이용하여 엄청난 속도로 자신을 복제하기에 이르렀다. 우린 지금 〈DNA의 성공 시대〉를 관람하고 있는 것이다.

우리는 흔히 자연을 생각하면 〈적자생존〉, 〈약육강식〉 등의 살벌한 사자성어들을 떠올린다. 다윈의 진화론에서 나온 표현들이다. 하지만 정작 다윈은 잘 쓰지 않은 표현들이다. 그의 이론에 감화되어 세상으로 뛰어 나간 〈다윈의 전도사들〉이 즐겨 쓰던 말들이다. 경쟁이 중요하지 않은 것은 아니지만 무턱대고 충돌을 일삼는 경쟁만이 이 세상에서 살아남는 유일한 길이 아니라는 걸 다윈은 일찍부터 깨달았다. 중량만 놓고 볼 때 이 지구를 지배하고 있는 생물은 단연 식물이다. 그중에서도 꽃을 피우는 식물, 즉 현화식물flowering plants이다. 현화식물이 이렇게까지 성공할 수 있었던 것은 꽃가루를 옮겨 준 곤충들의 도움이 절대적이었다. 오늘날 이 지구에서 가장 막강한 숫자를 자랑하는 동물이 누구인가? 바로 곤충이다. 식물과 곤충이 함께 이처럼 엄청난 성공을 거둔 것은 결코 우연이 아니다. 서로 어우름의 지혜를 터득하고 실천했기 때문이다. 자연계를 둘러보면 남을 적대시한 채 투쟁만 하며 살아온 생물들보다 서로 돕고 살아온 생물들이 의외로 많다. 경쟁에서 이기기 위해 협동하는 것이다.

우리 인간이 어우름의 지혜를 전혀 터득하지 못한 동물처럼 살아가고 있다는 것은 실로 엄청난 아이러니다. 규모로 보아 우리 인간만큼 훌륭하게 어우름의 삶을 살아온 동물이 없건만 오늘날 우리는 왜 자연의 품을 떠나 자연을 짓밟으며 살고 있는 것일까? 한편으로는 그 누구보다도 철저하게 자연과 어우르며 살고 있으면서 다른 한편으로는 그런 사실조차 전혀 모르는 듯 어리석은 짓을 하고 사는 것일까? 아무리 유명한 사람의 장례식이라도 어느 정도는 날씨의 영향을 받는다지만, 나는 우리 빈소에 개미 빈소 못지않게 많은 문상객들이 왔으면 좋겠다. 그러자면 살아 있을 때 남들에게 잘해야 한다. 또 그러다 보면 그들 중 누군가가 우리더러 장례식 비용도 만만치 않은데 그냥 더 살지 그러냐고 할지도 모를 일이다.

현재 우리 인류가 저지르고 있는 환경 파괴 및 온갖 행동들을 보면 어쩌면 우리는 또 순간에 사라지고 말 동물처럼 보인다. 셰익스피어의 표현을 빌리자면 〈인간은 역사의 무대에 잠깐 등장하여 충분히 이해하지도 못하는 역할을 하다가 사라진다.〉

먼 훗날 이 지구상에 인간에 버금가거나 능가하는 생명체가 탄생하여 지구의 역사를 재정리한다면 과연 우리 인간을 어떻게 평가할 것인가? 우선 그들의 역사책에 거의 언급조차 되지 않을 확률도 매우 높다고 본다. 워낙 짧게 살다가 절멸한 종이기 때문이다. 하지만 달리 보면 워낙 저질러 놓은 일들이 엄청나기에 비록 그리 긴 세월을 생존하지 못했다 하더라도 꽤 중요했던 종으로 기록될 가능성 역시 높다.

2
지나치게 성공한 동물의 생태학

다윈이 자연선택 이론을 정립하는 데 결정적인 단서를 제공한 사람이 경제학자 토머스 맬서스Thomas Malthus였음은 잘 알려진 사실이다. 맬서스는 『인구론On Population』에서 인간뿐 아니라 다른 많은 동식물 개체군이 성장하는 메커니즘을 명확히 밝혔다. 어느 개체군이나 주어진 환경이 허락하는 이상으로 많은 개체들이 태어나지만 결국 자원이 한정되어 있기 때문에 대부분은 죽어 사라지고 극히 일부만이 번식할 수 있다는 사실을 다윈에게 일깨워 준 것이다. 자연의 생명력은 실로 엄청나다. 수학을 끔찍이 싫어했던 것으로 알려져 있던 다윈도 『종의 기원』에서 〈고통을 감수하며〉 다음과 같은 계산을 했다.

코끼리는 대개 30세가 되어야 번식을 시작하여 100세

정도에 멈추는데 암컷 한 마리가 평균 여섯 마리의 새끼를 낳는다. 만일 코끼리 한 쌍이 750년 동안 번식을 한다면 거의 1900만 마리의 코끼리가 태어날 것이다.

물론 이 계산은 아무도 죽지 않는다는 전제에서 나온 것이다. 현대 생태학의 발달에 누구보다도 큰 공헌을 한 생태학자 로버트 맥아서Robert MacArthur는 훨씬 더 자극적인 계산을 했다.

만일 20분마다 둘로 분열하는 박테리아가 있다고 가정하자. (일단 태어난 박테리아는 아무도 죽지 않고 자원도 무한정 공급된다고 가정하면) 36시간 후면 박테리아의 살이 지구의 표면을 한 자가량 뒤덮을 것이다. 다시 한 시간 후면 우리 모두의 키를 넘길 것이고, 몇 천 년 후면 어느 생물이라도 그 무게가 우주의 무게와 맞먹을 것이며 그 부피는 저 우주를 향해 빛의 속도로 팽창할 것이다.

실험실 배양접시에서 자라는 박테리아가 한없이 성장하여 넘쳐흐르지 않는 이유는 바로 자원이 한정돼 있기 때문이다. 영양분을 계속 공급하기만 하면 공상과학 영화의 외계 생물이 우리 몸 안에서 성장하여 구멍마다 뚫고 기어 나오듯 넘쳐흐를 것이다.

요즘 많은 사람들이 생명과학의 고삐가 풀린 듯한 모습에 두려움을 느낀다. 그러면서도 은근히 생명과학을 지지하는 것은 두려움 못지않게 기대 또한 크기 때문이다. 특히 어쩌면 죽지 않고 영원히 살게 될지도 모른다는 기대는 엄청나게 달콤한 것이다. 실제로 많은 생명과학자들이 〈세포의 죽음cell death〉을 연구한다. 일단 태어난 세포 또는 생명체가 왜 죽어야 하는가를 밝히면 거꾸로 죽지 않는 방법을 찾을 수 있으리라는 기대가 깔려 있다.

하지만 생태학자로서 나는 이 연구만은 하지 말아야 한다고 생각한다. 우리가 죽지 않는 방법을 발견하는 그날이 바로 우리의 죽음이 시작되는 날이 될 것이기 때문이다. 죽지 않는 방법을 발견하자마자 우리 모두가 동시에 불임수술을 받고 우리끼리만 영원히 잘 먹고 잘 살기로 결정해야 한다. 하지만 올더스 헉슬리의 소설 『멋진 신세계』에서도 알약soma을 먹지 않은 이가 있듯이 우리 중 누군가는 이 지구 어느 음침한 구석에서 홀로 자식을 낳아 기를 것이 너무도 뻔히 보인다.

　　　　　　　　　　3장 생명의 진화와 환경 파괴

죽음이 생명을 허락한다. 맬서스가 밝힌 대로 어느 개체 군이건 대부분의 개체들이 번식기에 이르지 못하고 죽기 때문에 다른 개체들이 살아남아 번식할 수 있는 것이다. 자 원이 한정되어 있으므로 지구 생태계의 모든 생물 개체군 은 이른바 S형 성장 곡선을 그린다. 개체 수가 얼마 되지 않 을 때에는 아무래도 성장 속도가 늦지만 어느 정도 개체 수 가 확보되면 급속도로 늘다가 결국에는 자원의 부족에 따 른 경쟁의 결과로 환경이 허락하는 수준으로 수렴한다. 하 지만 현재 이 법칙을 따르지 않는 동물이 있다. 바로 우리 인간이다. 그리고 억지로 또 하나를 꼽으라면 미국 대륙에 이주하여 사는 유럽산 찌르레기starling다.

19세기가 끝나는 무렵 뉴욕 센트럴파크 옆 자연사 박물 관 앞 계단에서는 영국 신사 몇 명이 열띤 토론을 벌이고 있 었다. 토론의 주제는 어떻게 하면 미국을 또 하나의 영국으 로 만들 수 있는가였다. 기발한 아이디어들이 쏟아져 나오 던 중 한 사람이 셰익스피어로 미국을 변형시키자는 제안 을 했다. 셰익스피어의 작품에 등장하는 모든 새들이 미국 하늘을 날게 되면 자연스레 미국은 영국이 될 것이라는 제 안이었다. 지극히 영국적인 이 제안에 따라 그 후 여러 해 동안 그들은 영국으로부터 셰익스피어의 새들을 한 쌍씩 잡아다 박물관 앞 계단에서 날려 보냈다.

　우리도 한때 미국에서 건너온 황소개구리 때문에 골머리를 썩었던 기억이 있고 미국은 또 동양에서 건너와 나무들의 목을 죄고 있는 칡덩굴을 걱정하지만, 갑자기 다른 환경에 옮겨진 생물이 살아남을 확률은 지극히 낮다. 다만 가끔 의외로 성공적인 생물들이 우리의 주목을 받을 뿐이다. 자연사 박물관 앞 계단에 풀어준 셰익스피어의 새들은 대부분 절멸하고 말았다. 그러나 찌르레기는 오히려 유럽에서보다도 더 빠른 속도로 번식해 1980년대 중반부터는 참새를 누르고 미국 대륙에서 가장 흔한 새가 되었다. 그야말로 기하급수적으로 증가한 것이다.

　뉴욕에서 삶을 시작한 찌르레기들은 어느덧 캘리포니아까지 다다랐다. 이제 그들도 곧 환경이 허락하는 수준에 수렴하기 시작할 것이다. 그렇게 되면 이 지구에서 기하급수적인 성장을 계속하는 생물은 인간이 유일할 것이다. 환경을 능동적으로 변화시키는 우리의 능력 덕분이다. 인간 개체군이 얼마나 빠른 속도로 증가하고 있는가를 보다 실감나게 전달하기 위해 언젠가 나는 동료와 다음과 같은 계산을 했다. 〈우리가 상암 축구 경기장을 꽉 메운 채 경기를 관람하는 동안 이 지구에는 그만큼의 사람들이 태어나고 있다.〉지나치게 성공적인 동물, 인간의 고민은 이제 벼랑 끝에 와 있다. 생태학의 넓은 시야가 절실한 때가 되었다.

우리나라의 대표적인 생태계 생태학자인 연세대 강호정 교수는 그의 근저 『다양성을 엮다』에서 21세기 생태학은 시간적으로 그리고 공간적으로 확장되고 있다고 설명한다. 미국 생태학자들은 1970년대 후반부터 준비 작업에 착수해 1980년에 산림, 초지, 강, 호수, 하구 등 모두 다섯 곳에서 자연 생태계를 관찰하고 모니터링할 계획으로 장기 생태 연구Long Term Ecological Research를 시작해 오늘에 이른다. 지금은 북극과 열대(푸에르토리코 열대우림), 그리고 도시 산림(메릴랜드주 볼티모어)과 도시 하천(애리조나주 피닉스)까지 포함해 그야말로 거의 모든 유형의 생태계에 관한 장기적인 연구 프로젝트가 진행되고 있다.

2011년에는 미국 국립과학재단National Science Foundation의 지원을 받아 국립 생태 관측 연구망National Ecological Observatory Network을 구축해 미국은 물론 전 세계 모든 생태학자들과 데이터를 공유하고 소통하고 있다. 생태 연구는 본질적으로 국경의 경계가 없기 때문에 국제 공조가 필수적이다. 이에 따라 국제 협약과 기관들이 만들어지기도 했다. 1988년 유엔환경계획(UNEP)과 세계기상기구(WMO)가 주축이 되어 출범한 정부 간 기후 변화에 관한 협의체(IPCC)는 기후 변화에 대한 국제적 대응을 주도한 공로를 인정받아 2007년 앨 고어 전 미국 부통령과 함께 노벨 평화상을 수상했다.

1992년에는 유엔기후변화협약UN Framework Convention on Climate Change이 설립되었는데, 현재 세계 197개 나라 또는 단체가 회원으로 가입해 기후 변화에 관한 정보를 분석하고 정리하며 정부 간 협약 조건을 조정하는 일을 하고 있다. 2018년에 국가적응계획National Adaptation Plans에서 네 명의 챔피언Champion(일종의 명예 대사)을 선정했는데 그중 한 명으로 내가 포함되는 바람에 유엔 기후 변화 협약 행사가 열리는 곳마다 시간이 허락하는 한 참여해 기후 변화의 심각성을 알리는 강연을 하고 있다. 이를테면 〈앨 고어 아바타〉 역할을 맡은 셈이다.

나는 사실 생물학자로서 기후 변화보다는 생물 다양성 관련 국제기구나 회의에 관여하며 지냈는데 기후 변화와 생물 다양성이 결국 떼려야 뗄 수 없는 관계이다 보니 저절로 양쪽에 다 참여하고 있다. 1992년 5월 브라질 리우데자네이루에서 열린 지구 환경 회의Earth Summit에서 논의를 거쳐 1993년 12월 29일 생물다양성협약Convention on Biological

Diversity이 출범했다. 현재 세계 196개 나라 또는 단체가 참여하는 이 기구는 생물 다양성 보전에 관한 국제 협력을 이끌어 내기 위해 노력하고 있다. 나는 국립생태원 초대 원장으로 일하던 2014년 10월 강원도 평창에서 열린 제12차 당사국 총회에서 의장으로 추대되어 2016년 12월 멕시코 칸쿤에서 제13차 당사국 총회가 열릴 때까지 여러 회의를 주재했다.

거의 같은 시기에 국립생태원은 2012년에 발족한 국제 생물다양성과학기구Intergovernmental Science-Policy Platform on Biodiversity and Ecosystem Services의 세 전담반 중 〈지식과 데이터Knowledge and Data〉 전담반 활동을 보좌하는 기술 지원국 Technical Support Unit을 유치하는 데 성공해 명실공히 생물 다양성 관련 두 대표 기관의 중심적 역할을 담당하게 되었다. 신설 기관으로서 다소 무리한 도전이라는 비난을 무릅쓰고 얻어 낸 값진 성과였다고 생각한다. 생물 다양성과 관련한 대표적인 두 국제기구에서 실질적인 업무를 담당하게 되면서, 비록 갓 설립된 기관이지만 국제무대에서 존재감을 확실하게 각인할 수 있었다.

장기 생태 연구의 국제적인 움직임에 발맞춰 우리나라 환경부도 2005년부터 국가 장기 생태 연구 사업을 시행하고 있다. 처음에는 육상 생태계(강원도 점봉산 일대), 담수 생태계(낙동강, 한강, 우포늪), 연안 생태계(전라남도 함평 만), 동물 생태(까치) 등 다섯 분야로 시작했으나 차츰 더 다양한 지역을 포함해 지금까지 실행하고 있다.

2014년부터는 국립생태원에서 총괄하고 있는데, 국제 기준에 걸맞은 연구 장비와 기반을 구축하기 위해 점봉산 (2015), 지리산(2016), 한라산(2017)에 〈중점 지소〉를 설 치하고 기후 변화와 생물 다양성 추이에 관한 연구를 지속 하고 있다. 아울러 미국 장기 생태 연구의 국립 생태 관측 연구망 시스템을 한층 개선한 생태 정보 플랫폼 에코뱅크 EcoBank를 구축해 전 세계 생태 정보를 누구나 자유롭게 이 용할 수 있도록 지원하고 있다. 현재 전국 자연환경 조사 자료 230만 건, 생태계 정밀 조사 자료 25만 건을 비롯해 국내외 다양한 유관 시스템과 연계해 약 1300만 건의 생태 조사 정보를 분석하고 시각화해 제공하고 있다. 미국 국립 보건원의 유전 정보 플랫폼 진뱅크GenBank가 분자유전학 발전을 견인한 것처럼 우리나라 국립생태원의 에코뱅크가 세계적으로 생태·환경 분야의 발전을 이끌 수 있게 되기를 기대한다.

3
저출산의 역설과 통일 한반도에 거는 기대

모든 환경 문제는 궁극적으로 인구 문제다. 멀쩡하던 자연 환경이 파괴되기 시작하는 데에는 거의 언제나 조금 속된 표현으로 우리 사람의 씨가 너무 많아진 게 주요 원인으로 자리 잡고 있다. 세계 인구가 60억에서 70억이 되는 데에는 13년이 걸렸지만, 80억이 되기까지는 12년밖에 걸리지 않을 것으로 예측된다. 인류는 지금도 그 수가 폭발적으로 증가하고 있는 동물이다. 그래서 그동안 후진국을 중심으로 대대적인 인구 증가 억제 캠페인을 벌여 출산율이 약간 줄어드는 듯하더니 갑자기 선진국들이 자국민 숫자가 줄어든다며 또다시 출산 장려 정책을 펴기 시작했다. 이는 지구 환경 차원에서는 대단히 섭섭한 경향이다.

세계적인 경영학자 피터 드러커Peter Drucker는 그의 저서 『Next Society』(2002)에서 미래 사회가 〈고령 인구의 급속한 증가와 젊은 인구의 급속한 감소로 인해 지금까지 어느 누구도 상상할 수 없을 만큼 엄청나게 다른 사회가 될 것〉이라고 예언했다. 더할 수 없이 간단명료한 드러커의 경고에 나는 〈생물학자가 진단하는 2020년 초고령 사회〉라는 부제를 달아 『당신의 인생을 이모작하라』(2005)라는 책을 출간하여 세계에서 가장 빠른 속도로 고령화하고 있는 우리나라의 미래를 가늠해 보았다.

2017년을 기점으로 우리나라는 65세 이상 노령 인구가 15세 미만 어린이 인구를 능가했다. 이 기형적인 가분수 사회에서는 15세에서 64세 사이의 노동 인구에 속하는 젊은이 네 명이 노인 한 명을 부양해야 한다. 그리고 평균 수명의 증가로 인해 그리 머지않은 장래에 대부분의 사람들이 95~100세까지 살게 될 것이다. OECD는 2050년경이면 우리나라가 세계에서 제일가는 노인 국가가 될 것이라고 경고한다. 언젠가 노동 인구보다 부양 인구가 많아진다면 과연 우리 경제가 유지될 수 있을지 스스로에게 묻기 바란다. 60세를 전후하여 은퇴한 뒤 전통적인 개념의 이른바 〈시니어〉 혹은 〈뒷방 노인〉으로 100세까지 살아야 한다고 상상해 보라. 간단한 산수 계산만으로도 그런 사회 구도는 존속될 수 없다는 걸 알 수 있다. 그래서 나는 조만간 정년

제도가 사라질 것이라고 감히 예측한다.

『당신의 인생을 이모작하라』(2005)에서 나는 우리 삶을 〈번식기〉와 〈번식후기〉의 두 인생으로 나눠 살 것을 제안했다. 지극히 동물학자다운 구분과 작명이지만 현재 우리나라 사람들은 평균적으로 거의 30년의 번식후기를 살고 있다. 이제 곧 100세 시대를 맞으면 번식후기가 번식기와 거의 비슷해진다. 인간 여성은 평생 사용할 난모세포oocyte를 갖고 태어난다. 사춘기를 거치며 전체의 절반을 걸러 내고 한 달에 한 번 정도 간격으로 그중 일부를 성숙시키고 또 그중에서 가장 좋은 난모세포 하나를 난자ovum, egg로 배출한다. 이처럼 난소에서 난자가 나팔관으로 빠져나오는 과정을 배란ovulation이라고 한다. 이렇게 배출된 난자가 때마침 나팔관을 거슬러 올라오는 정자를 만나면 수정fertilization이 되는 것이지만, 그렇지 못하면 그 난자와 수정란을 맞이해 길러 주기 위해 기다리고 있던 자궁의 외벽 조직은 이내 떨어져 나와 몸 밖으로 배출된다. 이를 월경menstruation이라 부른다. 이런 주기를 여러 차례 반복하다 대략 50대 중반이 되면 가지고 태어난 모든 난모세포가 고갈돼 더 이상 임신할 수 없게 된다. 이 상태를 우리 사회에서는 흔히 폐경menopause이라 부르는데, 나는 2003년『여성 시대에는 남자도 화장을 한다』를 출간하며 완경(完經)으로 바꿔 부를 것을 제안했다. 폐경의 〈닫힐 폐(閉)〉 자가 왠지 어감이 좋지 않아 임무를 완수했다는 의미로 완경이라 부르면 좋겠다고 생각했다. 대부분의 남성들은 아내가 더 이상 임신할 수 없는 나이가 되면 함께 〈번식기〉가 끝난다. 그래서 인간의 번식기는 대충 50~60년 정도라고 보면 된다. 만일 노화를 방지해 주는 약물이 개발되어 150세까지 살게 된다 하더라도 여성의 완경 시기가 연장되지 않는 한 결국 번식후기를 100년가량 살게 될 것이다. 50~60세 이후의 제2인생을 엉거주춤 첫 인생에 걸쳐 사는 삶으로 간주하는 것은 개인적으로나 사회적으로나 지극히 소모적인 일이다.

조만간 인구의 절반이 맞이하게 되는 제2인생이 더 이상 〈잉여 인생〉이 아니라 당당하게 새로운 인생으로 거듭날 수 있도록 발상의 대전환이 필요하다. 자식을 낳아 기르는 제1인생을 〈번식인생〉이라 부른다면 제2인생은 〈환원인생(還元人生)〉이라고 부를 수 있다. 제1인생이 성공이란 목표를 향해 땀을 흘리며 산을 오른 시기라면 제2인생은 삶의 의미를 찾기 위한 새로운 여정이다. 이런 의미에서 나는 제1인생 세대를 〈오름 세대〉, 제2인생 세대를 〈내림 세대〉라고 부를 것을 제안한다. 서울대 사회학과 장경섭 교수는 노인 세대를 아예 〈신세대new generation〉로 부를 것을 제안한다.

번식도 하지 않으면서 생명을 유지한다는 것은 언뜻 전혀 적응적이지 않아 보인다. 고래나 영장류 중에도 번식기가 지난 후 짧게나마 생명을 유지하는 개체들이 있긴 하지만, 우리 인간처럼 번식을 멈추고도 몇십 년을 더 사는 동물은 자연계 어디에도 없다. 생물이라면 모름지기 번식을 하는 것이 그 〈존재의 이유〉이건만, 우리 인간은 언제부터인가 자식을 낳지 않으려고 산아제한을 하고 있다. 35억 년 생명의 역사에서 자기 스스로 번식을 자제하는 생물은 일찍이 없었다. 스스로 생물이기를 거부하고 있는 꼴이다.

인간의 역사를 통틀어 번식후기는 결코 부담만 주는 잉여 시기가 아니었다. 노인들이 사회에 부담이 되는 것은 축내는 음식의 양이 아니라 질병과 노쇠로 인한 의존 부담 때문일 것이다. 요사이 우리 사회에서 가끔 벌어지고 있는 현대판 고려장도 드릴 밥 한 그릇이 없어서가 아니라 병약한 그들을 돌볼 시간과 자원이 부족하기 때문이다. 그러나 앞으로는 생명과학의 발달로 건강하게 오래 사는 사람들이 지수적으로 늘 것이다. 머지않아 60대는 말할 나위도 없고 70대와 80대도 건강 상태나 의욕에서 지금과는 비교가 되

0-17세	미성년기Underage
18-65세	청년기Youth / Young People
66-79세	중년기Middle-aged
80-99세	노년기Elderly / Senior
100세 이상	장수 노인Long-lived Elderly

[표 2] WHO의 새로운 연령 구분

지 않게 활기찬 삶을 사는 시대가 올 것이다. 최근 세계보
건기구(WHO)는 청년기를 18~65세, 중년기를 66~79세
로 하자는 새로운 연령 구분 체계를 제안했다.

피터 드러커는 미래 사회를 한마디로 지식 사회라고 규
정했다. 미래 사회는 더 이상 근육이 지배하는 사회가 아니
다. 오랜 세월 동안 폭넓은 경험을 하며 온갖 지식과 지혜
를 축적해 온 구성원들을 일터에서 몰아내는 일이 얼마나
비생산적인 일인가는 깊게 생각해 볼 가치조차 없는 문제
다. 게다가 그들이 건강 문제로 사회에 엄청난 부담을 준다
면 모를까 미래 사회의 〈노인〉은 결코 지금까지 우리가 보
아 온 그런 노인이 아니다. 그런 건강한 노인, 새로운 유엔
기준에 따르면 중년의 노동력을 활용하지 않는 것은 결코
현명하지 않다. 사회는 자꾸만 늙어 가는데 우리는 철없이
젊음만 노래하고 있는 것 같아 안타깝다.

3장 생명의 진화와 환경 파괴

2004년 4월 한국을 방문했던 〈경험이 힘이다Experience Works〉라는 이름의 미국 중년을 위한 재취업 전문 비영리 단체의 앤드리아 J. 우튼Andrea J. Wooten 회장의 말에 전적으로 동의한다. 〈은퇴자들의 재취업은 사회 통합은 물론이고 세수 증대에도 도움이 되기 때문에 정부는 은퇴자 대책에 대해 시혜 마인드가 아니라 투자 마인드로 전환해야 한다. 은퇴자들도 자신의 재취업이 사회에 기여한다는 점을 기억하고 구걸 심리가 아니라 떳떳이 자긍심을 가지고 접근해야 한다.〉 머지않아 노동력 부족으로 고령자라도 고용하지 못해 전전긍긍하게 될 것이다.

미국에서는 〈은퇴하기에는 너무 젊은 세대too young to retire〉라는 뜻으로 〈2Y2R 세대〉라는 말이 유행한다. 국가나 사회가 정해 준 정년을 거부하고 스스로 은퇴 시기를 결정하며 은퇴 후의 삶을 새롭게 창조하는 이른바 〈신노인 세대〉를 말한다. 그들은 〈한번 추수를 했다고 해서 다시 추수하지 말라는 법은 없다〉라며 새로운 인생을 개척하는 데 두려움도 주저함도 없다. 그도 그럴 것이 그들에게 은퇴란 젊은 시절 돈을 버느라 빼앗겼던 삶의 의미와 여유를 되찾는 기회일 뿐이기 때문이다. 삶의 짐을 내려놓고 드디어 평생 하고 싶었지만 여러 가지 이유로 하지 못했던 일을 하며 산다.

그들은 더 이상 자식에게 얽매이지 않고 그야말로 〈삶의 르네상스〉를 즐긴다. 〈시니어〉라는 호칭은 〈한물갔다〉는 뜻이 아니라 〈경험이 많아 노련하다〉는 뜻이다. 그래서 시니어 세대는 실버 세대라고 부르기보다 오히려 골든 세대라고 부르는 게 좋을지 모른다.

대한민국은 어쩌다 출산율 저하로 심각한 고민에 빠진 나라가 되었다. 1960년 우리나라 출산율은 가임 여성 한 명당 6.16명으로 한 집 건너 일곱 남매 혹은 아홉 남매가 대수롭지 않았다. 그러다가 1970년에는 4.53명으로 떨어졌고, 1980년대 중반에는 대체 출산율인 2.1명에 다다랐다. 그럼에도 우리 정부는 인구 감소의 심각성을 인지하지 못하고 1996년까지 정부 주도의 산아제한 정책을 시행했다. 1997년 11월에 시작된 IMF 외환 위기는 출산율 저하를 가속화해 2000년대에 들어선 이후로는 줄곧 세계 최저 수준을 면치 못하고 있다. 2001년에는 그나마 1.30명이었지만 2002~2004년에는 1.17명, 1.19명, 1.16명으로 떨어졌다.

이 무렵 나는 외국에서는 저출산 문제에 대해 연구 논문과 책들이 쏟아져 나오는데 상대적으로 담론조차 없는 국내 상황에 경종을 울려야겠다고 생각했다. 앞서 언급했던 『당신의 인생을 이모작하라』가 그 책이었다. 2006년 초

2005년 출산율이 1.08명이라는 발표가 나오자마자 국내 거의 모든 언론이 자극적인 보도를 시작했다. 사실 2004년의 1.6명과 2005년의 1.08명은 겨우 0.08명의 차이이지만 1이라는 숫자 뒤에 〈영(0)〉이 따라 나오는 게 적지 않은 심리적 충격을 불러일으킨 듯싶었다. 그 이후 흥미롭게도 2007년과 2012년에 각각 1.25명과 1.30명으로 소폭 상승했다. 2007년이 〈황금돼지 해〉였고 2012년이 〈흑룡의 해〉라서 아이를 낳으면 큰 인물이 될 것이라는 미신이 작게나마 출산율을 끌어올렸다는 분석이 제시됐다. 그러나 결국 2017년에는 다시 1.05명으로 추락했고, 2018년과 2019년에는 드디어 0.98명과 0.92명으로 아예 한 명 미만으로 내려앉았다. 뒤늦게나마 참여정부에서 이 문제를 인식해 저출산·고령화 위원회를 출범하며 5조 2천억 원의 예산을 투입했다. 그 후 이명박 정부와 박근혜 정부가 무려 33조 1천억 원과 88조 2천억 원을 쏟아부었건만 출산율은 1.0명 이하로 곤두박질치고 말았다.

나는 『당신의 인생을 이모작하라』에서 범지구적 차원에서 보다 근본적인 해결책은 각국의 출산율을 올리려 노력할 게 아니라 문호를 개방하는 것이라는 주장을 폈다가 엄청난 비난을 받았다. 지구 생태계가 지속 가능성을 달성하고 유지하려면 당연히 인구를 줄여 나가야 한다. 그러나 비교적 잘사는 나라들이 국경을 봉쇄하고 자국민 숫자를 늘리려는 정책을 펴면 지구 환경의 미래는 암울하기만 하다. 기후 변화와 빈곤으로 인해 날이 갈수록 늘어나고 있는 난민들의 입국을 거부하고 국경에 거대한 담벼락을 세우는 정책 등은 범지구적 관점에서 볼 때 매우 근시안적이다. 약 25만 년 전 인류가 처음 탄생한 후 오랫동안 우리는 자유롭게 지구 전역으로 이주할 수 있었다. 그러다가 국가nation state가 형성되며 이동이 제한되기 시작했다. 국가 형성 이전으로 돌아가자고 주장하는 것은 아니다. 다만 지구 환경의 관점에서 볼 때 선진국이 출산율을 끌어올리려 노력하는 것보다 이민을 허용하는 게 바람직하다고 생각한다. 결코 쉽지 않은 결정이겠지만 발상의 전환이 필요할 수 있다.

나는 통일 한반도가 일종의 이민 효과를 얻을 수 있다고 예측한다. 북한의 출산율도 이미 대체 출산율 이하로 떨어진 상태다. 남한에도 일자리가 줄어들고 있는 상황에서 북한의 노동 인구까지 유입되면 실업률이 올라갈 것이라는 예측도 나와 있지만 나는 이 역시 근시안적 혹은 단편적 분석일 수 있다고 생각한다. 통일 한반도의 경제 규모 자체가 커지는 점이나 북한 사회가 맞이할 경제 역동성까지 고

려한다면 긍정적 효과도 충분히 기대할 수 있다. 일단 그런 미래 지향적 사회 분위기가 형성되면 저절로 출산율도 오르기 시작할 것이다.

4장

DMZ와 한반도 생태

1
DMZ의 생태적 가치

DMZ 인접 지역에 관한 자연 조사는 휴전 협정 이듬해인 1954년부터 시작됐으나 체계적인 최초의 학술 조사는 1966년 미국 스미스소니언 연구소와 함께 수행한 공동 조사가 최초였다. 그해 8월 일본 도쿄에서 열린 태평양 과학회의에서 DMZ를 국립공원으로 지정하자는 경희대 원병오 교수의 제안이 의제로 채택되었다. DMZ의 생태적 가치와 보전이라는 주제가 국제회의에서 논의된 것도 이때가 최초였다.

[표 3]은 DMZ 생태 관련 국내 최고 전문가 중 한 사람인 국립생태원 박은진 박사가 정리한 DMZ 생태 조사 결과 보고서 목록이다. 이에 따르면 1974년 문화공보부가 첫 종합 학술 조사 보고서를 발간했고, 1991년부터는 환경부가 전국 자연환경 조사의 일환으로 정기적인 조사를 시작

했다. 국토통일부(1989), 산림청 임업연구원(2000), 문화재청(2005, 2006, 2007)도 보고서를 제출한 바 있고, 민간단체로는 한국산지보전협회가 2005년과 2006년에 주로 DMZ에 서식하는 야생 동물 현황에 관한 보고서를 작성했다. 2008년부터 2013년까지는 국립환경과학원이 환경부 위탁 사업으로 조사하던 것을 2014년부터는 국립생태원이 맡아서 시행하고 있다. 2008~2009년에는 국방부와 유엔사의 승인을 얻어 정전 협정 이래 최초로 DMZ 서부와 중부 지역을 조사했으나 2010년 이후 남북 관계가 경색되면서 동부 지역 조사가 중단되었다가 2012~2014년 동안 3년에 걸쳐 동부, 중부, 서부의 민통선 이북 지역에 대한 생태 조사가 마무리되었다.

2015년부터 국립생태원은 민통선 이북 지역을 생태계 유형별 다섯 개 권역(동부 해안, 동부 산악, 중부 산악, 서부 평야, 서부 임진강 하구)으로 나눠 체계적으로 지형, 식생, 동·식물 조사를 수행하고 있다. 국립생태원은 또한 2014년부터 전방 열한 개 사단 중 여섯 개 사단의 협조로 DMZ 내에 총 89대의 무인 센서 카메라를 설치하고 야생 동물의 움직임과 주변 식생을 모니터링하고 있다.

번호	연도	제목	수행 기관
1	1974	비무장 지대 인접 지역 종합 학술 조사 보고서	문화공보부 문화재관리국
2	1989	비무장 지대 자연 생태계 조사 연구	국토통일부
3	1992	비무장 지대 인접 지역(민통선 지역)의 자연 생태계 조사 보고서	환경처
4	1995	비무장 지대 인접 지역 (민통선 지역) 자연환경 정밀 조사 보고서(I)	환경부
5	2000	비무장 지대 및 인접 지역의 산림 생태계 조사 종합 보고서 (1995~2000)	산림청 임업연구원
6	2004	비무장 지대의 환경 생태학적 조사·분석 및 영향 평가	환경부· 국립산림과학원
7	2005a	군사 접경 지역 자연 유산 기초 자원 보고서(중부 지역)	문화재청
8	2005b	DMZ의 야생 동물 서식 실태 조사 및 기존 자료의 종합적 분석에 관한 연구 보고서	한국산지보전협회
9	2006a	DMZ 야생 동물 현황과 보전 관리에 관한 연구 보고서	한국산지보전협회
10	2006b	군사 접경 지역 자연 유산 기초 자원 보고서(서부 지역)	문화재청
11	2007	군사 접경 지역 자연 유산 기초 자원 보고서(동부 지역)	문화재청
12	2008	제3차 전국 자연환경 조사	환경부· 국립환경과학원

13	2009	DMZ 서부 지역 생태·산림·문화재 현황 조사·연구 보고서	환경부·산림청· 문화재청
14	2010	DMZ 중부 지역 생태계 조사 보고서	환경부· 국립환경과학원
15	2012	DMZ 일원 생태계 조사 – 민통선 이북 지역 생태계 조사	환경부· 국립환경과학원
16	2013	DMZ 일원 생태계 조사 – 민통선 이북 지역 중부권 생태계 조사	환경부· 국립환경과학원
17	2014a	DMZ 일원 생태계 조사 – 민통선 이북 서부권 생태계 조사	환경부· 국립생태원
18	2014b	DMZ 일원 생태계 조사 – 민통선 이북 동부 GOP 지역 생태계 조사	환경부· 국립생태원
19	2015	DMZ 일원 생태계 조사 – 민통선 이북 지역 동부 해안 권역	환경부· 국립생태원
20	2016	DMZ 일원 생태계 조사 – 민통선 이북 지역 동부 산악 권역	환경부· 국립생태원
21	2017	DMZ 일원 생태계 조사 – 민통선 이북 지역 서부 평야 권역	환경부· 국립생태원

출처: 환경부·국립생태원,『DMZ 일원의 생물 다양성 종합 보고서』,
2016

[표 3] DMZ 일원에서 실시된 생태 조사 결과 보고서

2015년부터 2018년까지 국립생태원이 DMZ 인접 지역에서 수집한 생태 조사 결과와 1974년 이래로 조사된 과거 자료를 종합해 보면 DMZ 일원에는 총 6,168종의 동·식물이 서식하고 있다. [표 4]에서 보는 대로 포유류, 조

분류	우리나라		DMZ 일원			
	전체 종 수	멸종 위기종 수	전체 종 수	비율 (%)	멸종 위기종 수	비율 (%)
식물 (관속식물)	4,552	88	1,936	42.5	18	20.5
포유류	89	20	48	53.9	12	60.0
조류	527	63	271	51.4	45	71.4
양서파충류	53	8	34	64.2	6	75.0
담수어류	213	27	135	63.4	12	44.4
육상곤충	18,158	26	3,050	16.8	4	15.4
저서무척추동물	1,172	32	694	59.2	5	15.6
해조류, 고등균류	7,187	3	–	–	–	–
합계	40,230	267	6,168	14.7	102	38.2

* 우리나라 전체 종 수는 국립생물자원관의 종 목록을 기준(2018.12)으로 작성되었으며, 포유류는 고래목 제외.
* 담수어류는 한국의 민물고기(김익수·박종영, 2007)의 담수어류 목록을 기준으로 작성.
* 저서무척추동물 분야는 국립생물자원관에서 세부적으로 분류하고 있지 않아, 제4차 전국 자연환경 조사 지침의 기준을 준용.

출처: 박은진, 「제3장 DMZ 생태 자원과 가치」, 『DMZ 평화와 가치』, 대진대학교 DMZ 연구원 엮음, 도서출판 윤성사, 2020

[표 4] 우리나라 전체와 DMZ 일원의 야생 동·식물 종 수와 비율

류, 양서파충류, 담수어류, 저서무척추동물의 경우에는

우리나라 전체 종 수의 절반 이상이 DMZ에 서식하고 있

는 것으로 나타났다. 관속식물도 전체 종 수의 거의 절반 (42.5퍼센트)이 DMZ 일원에서 발견됐다. 특히 환경부 지정 우리나라 멸종 위기종 267종 가운데 무려 102종이 이곳에서 확인됐다. 이는 거의 전체 생물 다양성의 40퍼센트에 달하는 비율이다. 생물 분류군별로 볼 때 멸종 위기 양서파충류와 조류는 각각 전체의 70퍼센트 이상, 포유류는 60퍼센트, 그리고 담수어류도 44퍼센트나 분포한다. 대한민국 자연 생태계의 생물 다양성 보전에는 더할 수 없이 중요한 지역이다.

국제적 멸종 위기종에게도 DMZ는 결정적으로 중요한 서식처를 제공하고 있다. 국제자연보전연맹(IUCN)이 멸종 위기종으로 지정한 두루미는 서부 권역의 DMZ와 민통선 지역에서 월동하고, 세계적으로 약 2,400마리밖에 남지 않은 저어새는 서부 무인도서와 강화도 인근에 상당수가 서식한다. 세계에서 가장 중요한 서식지 중 하나다. 화천, 양구, 인제 등 DMZ 일원의 중동부 산악 지대에서는 역시 국제적 멸종 위기종인 사향노루와 산양 개체군이 발견된다. DMZ가 없었더라면 이들은 어쩌면 지금쯤 절멸했거나 멸종 위험이 대단히 높은 종critically endangered species으로 분류되어 있을 것이다.

생물의 멸종을 막으려고 달랑 위기에 처한 생물만 보호하려던 시절이 있었다. 그러나 몇 번의 시행착오를 겪으며 그 생물의 서식처를 함께 보호해야 효율적으로 보호할 수 있다는 교훈을 얻었다. DMZ에 서식하는 동·식물을 보전하려면 우선 DMZ 생태계의 유형과 특성을 파악하고 그에 따라 적절한 보전 계획을 수립해야 한다.

함광복(2020)에 따르면 DMZ는 흔히 알고 있는 것처럼 막연히 〈서해안 한강 하구에서 동해안까지〉도 아니고, 〈서해의 끝 섬 백령도에서 동해안까지〉도 아니다. 정전 협정 제1조 〈군사분계선과 비무장 지대 조항〉에 명시되어 있는 대로 임진강 하구에 세워져 있는 군사분계선 제0001호 표지판에서 동해안 동호리의 제1292호 표지판까지다. 따라서 그 길이는 155마일(248킬로미터)이 아니라 148마일(약 238킬로미터)이며, 면적은 이에 폭 4킬로미터를 곱한 값인 약 903.8제곱킬로미터다. 그러나 DMZ의 엄밀한 측량과 상관없이 실제로 사업을 추진하거나 연구 또는 행정 업무를 시행할 때에는 이보다 훨씬 포괄적인 공간을 대상으로 다루는 게 일반적이다. 일례로 우리가 흔히 조사와 분석의 대상으로 사용하는 〈DMZ 일원〉은 군사분계선을 기준으로 DMZ와 민간인 통제선 이북 지역(민북 지역), 접경 지역

(10개 시·군)을 포괄한다.

DMZ 일원은 한반도의 허리를 동서로 가로질러 평야, 구릉, 산악, 해안 등 다양한 지형으로 구성되어 있으며, 크게 산악 침엽수림, 산악 활엽수림, 2차 천이 관목림, 습지, 농경지 등의 생태계 유형으로 구분할 수 있다. 2019년 〈DMZ 일원 생태계 보전 종합 대책 수립 연구〉에 관한 국립생태원 최종 보고서에 기술되어 있는 내용을 요약해 소개하면 다음과 같다.

DMZ 일원의 지형은 전반적으로 동고서저(東高西低)의 특성을 보인다. DMZ 일원의 식생은 산지 낙엽활엽수림, 산지 침엽수림, 침활 혼합림, 산지 관목림, 아고산 식생 등 다양한 산지 식생, 습지 식생, 경작지 잡초 식생, 해안사구 식생 등으로 이뤄져 있다. 동부 지역은 해발 1천 미터 이상의 산악 지역으로 대부분의 산지는 신갈나무가 우점하고 있고, 고도가 낮은 계곡에는 주로 졸참나무, 능선이나 급경사지에는 소나무와 굴참나무가 분포한다. 군용 도로와 시설물 주변에서 벌어지는 소규모 벌채와 산불로 인해 교란이 빈번하게 일어나는 군사분계선 내부와 인접 지역에는 초지와 2차 천이 관목림이 주로 분포하고, 상대적으로 교란이 적은 민통선 지역에 오히려 울창한 산림이 보전

자원 유형	자원 요소	자원 예시	기능 및 가치(서비스)
생태·환경 자원	생물 종 수준	종 다양성, 멸종 위기종, 희귀종	DMZ 내 모든 생물 종, 두루미, 저어새, 산양 등	생태계 안정성과 회복력, 잠재 유전 자원 확보, 생태 교육 및 관광
	생태계 수준	특정 서식처, 산림/토양, 습지	대암산 용늪, 향로봉, 한강 하구 습지, DMZ 전체 공간 내의 산림과 토양, 하천 배후 습지, 둠벙 등	생물 다양성 확보, 생태 교육 및 관광/휴양, 이산화탄소 흡수, 홍수 조절
	경관 수준	서식처 연결성, 특이 경관/지질	DMZ 공간 전체, 수변 경관, 주상절리, 산림 경관	생태 이동 통로, 휴양 및 관광, 교육
역사·문화 자원	역사 문화 유적	선사 유적, 왕릉, 산성 등 사적 및 문화재, 나루터	역사 정체성, 교육 및 관광
	분단의 사회 문화	마을, 군부대/시설	문화 정체성 및 다양성, 교육 및 관광
전적·안보 자원	전쟁 유물 및 흔적	전쟁터와 기록, 판문점, 경의선 기관차, 철도 종단점, 자유의 다리, DMZ 자체	교육 및 관광
	분단의 상징물	DMZ 자체, 전망대, 땅굴, 도라산역	교육 및 관광

출처: 최성록·박은진(2010).

[표 5] DMZ 일원 자원 유형의 요소와 기능 및 서비스

되어 있다. 특이하게도 강원도 양구군에는 기반암이 차별적으로 침식해 해발 고도 450미터 내외로 평평하게 파인 펀치볼 침식 분지가 있다. 중부 지역의 해발 600미터 내외 산지에도 신갈나무가 우점종이며, 능선과 급경사지에는 소나무와 굴참나무가 주로 자라고 있다. 다양한 크기와 형태의 습지가 존재하는데 충적지와 예전 논경작지에는 묵논 습지 식생이 발달해 있다. 서부 지역에는 주로 해발 500미터 이하의 구릉지와 습지가 분포하며 상수리나무, 리기다소나무, 버드나무, 오리나무 등이 주요 식생을 이루고 있다.

DMZ의 생태적 가치는 생태·환경 자원 외에도 역사·문화 자원과 안보·전적 자원을 포함한다. 생태·환경 자원은 생물 종, 생태계, 경관 수준으로 세분할 수 있으며, 생물종 수준에는 전체적인 종 다양성과 더불어 멸종 위기종, 희귀종, 고유종 등이 포함된다. 생태계 수준의 자원으로는 서식처, 산림, 습지, 토양 등이 있으며, 이들 간의 연결성과 그로 인해 우리가 느끼는 심미적 영감 등이 경관 수준의 자원 요소를 이룬다. DMZ 일원에는 돌도끼 등 선사시대 유물과 유적지, 옛 궁예 도성을 비롯해 2004년까지 등록된 문화재로 철원 감리교회, 철원 얼음 창고, 장단역 증기기관차, 화천 수력 발전소 등이 있다. 그밖에도 다양한 전쟁 유물과 분단의 상징물 등이 풍부한 역사·문화 자원과 안보·전적 자원으로 존재한다.

2
DMZ의 경제적 가치

내가 15년간의 미국 생활을 청산하고 서울대 교수로 부임해 귀국한 지 불과 몇 년 후인 1997년, 미국에서는 DMZ 포럼The DMZ Forum이라는 비정부 단체가 설립됐다. 하버드대 에드워드 윌슨 교수는 2002년 펜실베이니아 주립대 김계중 교수와 함께 『뉴욕 타임스』에 기고도 하고 2003년 뉴욕시에서 열린 콘퍼런스에서 기조 강연도 하는 등 이 포럼에 적극적으로 참여했다. DMZ에 관한 그의 관심은 사실이 정도가 아니다.

1982년 추수감사절 연휴를 이용해 우리 부부는 결혼 1주년 기념으로 보스턴 여행을 계획했다. 나는 그 무렵 펜실베이니아 주립대에서 생태학 석사를 마치면 박사 학위를 할 대학을 찾고 있던 참이라 윌슨 교수에게 편지를 보내고 그의 연구실을 방문했다. 약속 시간보다 5분 일찍 그의 연구실 방문을 두드리자 마치 남침례교 목사님 같은 미소를 지닌 노신사가 문을 열고 나를 맞았다. 그러나 자리에 앉자마자 그는 내게 폭탄선언을 했다. 갑자기 교수 회의 일정이 잡혀 내게 15분밖에 할애할 수 없다는 것이었다. 장장 아홉 시간을 달려온 내게 부당한 처사라고 생각했지만 딱히 항의할 분위기도 아니어서 나는 곧바로 내가 찾아온 이유에 대해 설명할 참이었다. 그러나 윌슨 교수는 내게 미국에 온 지 오래되지 않았다는데 어떻게 영어를 배웠느냐고 물으셨다. 자랑하고픈 심정은 굴뚝같았지만 가능한 한 짤막하게 설명하고 내 얘기를 하려는데 그는 불쑥 〈그런데 DMZ는 잘 있는가? By the way, how is the DMZ?〉라고 물었다. 이어지는 질문에 약속된 15분이 거의 다 지나고 있었다. 절체절명의 순간에 나는 용기를 내어 〈DMZ에 관해 소상히 말씀드리고 싶지만 제게 허락하신 15분이 거의 다 가고 있어서 이제는 제가 왜 교수님을 뵙고자 했는지에 대해 설명할 기회를 주십시오〉라고 말씀드렸다.

그 당시만 해도 동양인은 예의 바르고 다소곳하다는 선입견이 있어서 그랬는지 교수님은 순간적으로 적이 놀라는 표정을 지으며 허락해 주셨다. 그날 우리는 결국 두 시간 넘게 진지한 대화를 나눴고, 나는 끝내 그의 제자가 되어 하버드대 대학원에 입학할 수 있었다. 나중에 안 사실이지만 15분은 그가 자신을 찾아오는 모든 이에게 던지는 전략이었다. 워낙 바쁜 일정을 소화해야 해서 일단 15분을 투자하며 더 오래 만날 가치가 있을지를 결정하는 전략을 사용하신다. 나는 그 검증을 통과한 몇 안 되는 사람들 중의 하나가 된 셈이다.

그의 DMZ 사랑 이야기는 여기가 끝이 아니다. 내가 박사 학위를 받고 하버드를 떠난 후 어쩌다 그를 찾을 때마다 그의 첫 인사는 언제나 〈제이, 그동안 잘 지냈느냐?Jae, how are you?〉가 아니라 거의 언제나 어김없이 〈DMZ는 잘 있느냐?How is the DMZ?〉였다.

윌슨 교수는 DMZ를 계속 인간이 접근할 수 없는 지역으로 묶어 두라고 조언하지 않는다. DMZ의 생태적 가치만 주장해 본들 일단 개발 광풍이 불어닥치면 최소한의 보전도 어려울 게 불을 보듯 뻔하다. 남과 북의 합의 아래 DMZ 보전 계획이 확립되기 전에 독일의 경우처럼 어느 날 갑자기 통일이 되어 버리거나 통일 논의가 급진전되기 시작하면 DMZ 보전은 그야말로 물 건너간다. DMZ 일원을 따라 끊긴 도로가 국도와 지방도를 합쳐 적어도 열댓 개가 넘는다. 그런 도로 주변의 주민들은 당연히 재개통되리라 기대할 것이다. 그러나 보전 생태학conservation ecology 의 관점에서 볼 때 그 모든 도로들이 다 이어져 DMZ를 분절하게 되면 그중 과연 몇 토막이나 보전할 가치가 있을지 의심스럽다. 생태학자들은 벌써 오래전부터 〈서식지 분단habitat fragmentation〉의 영향에 관해 연구해 왔다. 동일한 면적이라도 하나의 큰 덩어리로 있는 서식지가 여러 작은 서식지들을 다 합친 것보다 훨씬 더 풍요로운 생물 군집을 유지한다. 이른바 〈슬로스 논쟁SLOSS debate〉은 1970년대와 1980년대 보전 생물학계를 뜨겁게 달궜는데, 희귀종이나 멸종 위기종을 보전하기에는 하나의 큰Single Large 보전 지역이 여러 개의 작은Several Small 보전 지역보다 훨씬 효율적이라는 데 대체로 의견이 모아졌다.

마음에 내는 길은 사랑으로 이르지만 자연에 내는 길은 언제나 파멸을 가져온다. 늦기 전에 남북이 마주 앉아 DMZ 보전에 관해 진지하게 논의해야 한다. 나는 그곳에 또 다른 분단의 역사가 시작되지 않길 간절히 바란다.

우리 정부는 환경 보전에 유리하고 부가가치가 높은 관광 산업에 중점을 두고 있다. 우리는 우리 나름의 독특한 역사와 자연을 관광 상품으로 개발해야 한다. 그동안 한국을 방문한 외국인들이 가장 많이 찾은 곳 중 하나가 바로 임진각이다. 그곳의 자연 경관이 특별히 빼어나서가 아니다. 지구상에 유일하게 남아 있는 분단국의 역사를 체험하기 위해서다. 그리고 그 뒤에 반세기 동안이나 때 묻지 않은 자연이 살아 숨 쉬고 있다는 데 한없는 호기심과 매력을 느낀다.

윌슨 교수는 1999년 경기도 파주에서 열린 DMZ 포럼 콘퍼런스에 직접 참석하지는 못했지만 영상으로 보내 온 축하 인사에서 DMZ를 미국의 게티스버그 국립 군사 공원Gettysburg National Military Park과 요세미티 국립공원Yosemite National Park을 합쳐 놓은 것과 같은 생태 평화 공원으로 만들 것을 제안했다. 우리 DMZ에는 전쟁의 아픔과 교훈이 잘 보전된 자연 생태와 절묘하게 어우러져 있음을 정확하게 꿰뚫어본 것이다. 나는 잘 보전된 비무장 지대의 자연을 한 많은 분단의 역사가 우리에게 안겨 준 가장 소중한 선물 중의 하나라고 생각한다. 그리 넓은 지역은 아니지만 비무장 지대는 온대 지방에서 가장 값진 자연 자원을 갖고 있다는 것을 전 세계는 이미 알고 있다. 나는 우리 DMZ가 생태적 가치보다 훨씬 어마어마한 경제적 가치를 지니고 있다고 확신한다.

하지만 이 기막힌 황금 시장을 파괴하는 방법은 지극히

간단하다. 거창한 개발 계획도 필요 없다. 그저 분단 전에 남북으로 나 있던 도로들을 다시 연결하면 끝난다. 우리는 이미 그 작업을 시작했다. 비무장 지대의 동쪽 끝과 서쪽 끝으로 다시 기차와 차가 달릴 수 있도록 허락했다. 이제 곧 그 사이의 작은 길들을 연결하려는 움직임이 있을 것이다. 끊어진 길목에 사는 주민들로서는 당연한 일이다.

하지만 그 길들이 다시 개통되는 날이면 비무장 지대의 자연은 더 이상 우리 곁에 있을 수 없다. 민족의 분단이 끝나면 자연의 분단이 시작될 것이다. 인간의 정치적 평화는 역설적으로 종종 자연의 죽음을 부른다. 경의선과 동해선의 재개통으로 인해 DMZ는 이미 바다와 단절된 고립 생태계가 되었다.

언젠가 통일이 되어 끊겼던 강원도와 경기도의 도로들이 다시 이어지면 전 세계가 인정한 온대 지역 최상의 자연 보호 구역인 DMZ는 결국 수많은 작은 생태계들로 토막 나고 만다. 서식처가 여러 개로 나뉘면 핵심 구역, 즉 깊은 숲은 사라지고 변방 지역만 잔뜩 늘어나 훼손된 생태계에서 흔히 보이는 기회주의적 생물들은 늘어날지 모르지만 두루미, 저어새, 늑대, 표범 등 정작 보호하고 싶은 큰 동물들은 살아남지 못한다.

[그림 2] DMZ 공중 부양 생태 관광 도시 가상도(조감도) ©김재정

[그림 3] DMZ 공중 부양 생태 관광 도시 가상도(측면도) ©김재정

그래서 나는 DMZ 문제에 관여한 지난 20여 년 동안 줄기차게 DMZ를 통째로 보전해야 한다고 주장해 왔다. 그리 현실적인 주장이 아니라는 건 나도 잘 안다. 그러나 나 같은 자연학자가 논의의 한쪽 끝을 확실하게 붙들고 있어야 완전히 개발되는 사태는 막을 수 있으리라는 희망을 걸어 본다.

방법이 없는 것은 아니다. DMZ를 관통할 모든 철도와 도로를 고가 혹은 터널로 만들면 된다. 우리나라 토목계의 굴 뚫는 기술은 가히 세계 최고 수준으로 알고 있다. 그리고 DMZ에 4킬로미터 정도의 고가도로를 놓는 일은 기술적으로 전혀 어려움이 없다고 한다. KTX를 건설하며 이미 여러 차례 경험했다. 지상의 생태계는 야생 동·식물에게 양보하고 우리는 공중으로 이동하면 된다. 나는 이미 20여 년 전에 공중에 떠 있는 관광 도시를 만들자고 제안했다. 비교적 가까운 거리에 만들어지는 두 개의 고가도로를 공중에서 이어 붙인 다음 그 위에 호텔이며 음식점 등 관광 시설을 세우면 된다. 이미 그 옛날 토목공학자들에게 문의했을 때 전혀 어렵지 않은 일이라는 답변을 들었다. DMZ가 갖고 있는 엄청난 생물 다양성과는 다분히 역설적이지만, 한 많은 역사적 배경은 상상하기 어려울 정도의 경제적 가치를 지니고 있다.

3
행복한 2등 국가 — 통일 한반도의 미래

환경 운동을 하는 사람들이 자주 외치는 구호가 있다. 〈생각은 세계적으로 하되 행동은 우리 주변에서Think Globally, Act Locally.〉 세계는 어차피 국가 단위로 쪼개져 있고 민족주의의 그림자는 점점 더 짙게 드리우고 있다. 물론 한편으로는 끊임없이 인류 전체의 공동 관심사에 대한 논의를 멈추지 말아야 하지만, 급변하는 세계정세 속에서 과연 우리나라는 어떤 방향으로 나아가야 할 것인가 역시 깊이 생각해야 한다.

나는 1980년대에 야외 연구를 수행하기 위해 중미의 스위스라 불리는 아름다운 나라 코스타리카를 자주 찾았다. 정글에서 연구에 몰두하다 잠시 코스타리카의 수도 산호세로 나올 때마다 즐겨 찾던 곳은 화교가 운영하는 중국 음식점이었다. 그곳에는 늘 자장면이 날 기다리고 있었다. 한국에도 살았던 적이 있어 한국말을 유창하게 구사하는 식당 주인은 내가 나타나면 마치 동포를 만난 듯 반가워했다. 그러곤 할 일을 제쳐 놓고 내 곁에 붙어 앉아 줄기차게 코스타리카의 삶에 대한 얘기들을 풀어놓았다.

어느 날 그는 주방에서 접시 닦는 일을 하는 어느 코스타리카 사람의 이야기를 들려주었다. 그 사람은 한동안 멀쩡히 일을 잘하다가 어느 날 홀연 말도 없이 사라져 버린다는 것이다. 그러다가 한두 달 지나면 어느 날 아무 말도 없이 슬며시 뒷문으로 들어와 접시를 닦는다고 한다. 주머니에 돈이 좀 모이면 그걸 쓰러 갔다가 돈이 마르면 다시 와서 일하고 또 생기면 놀러 가고 하는 일을 10년 넘게 반복하고 있단다. 〈한국 사람 같으면 6개월만 그릇을 닦아도 나가서 골목 어귀에 중국집을 차린다〉는 말과 함께 그는 〈코스타리카 사람들은 욕심이 없어 틀렸어〉라며 혀를 끌끌 차곤 했다.

국민 소득 수준으로만 보면 코스타리카는 그 당시 세계 최하위권에 속하는 나라였다. 하지만 평균 수명으로는 이미 세계 최상위권에 속해 있었다. 야외 연구를 위해 이 지방 저 지방 돌아다니는 길에 만난 그 나라 사람들은 비록 가난하지만 한결같이 건강하고 행복해 보였다. 통계청 발표에 따르면 우리나라 사람들은 보통 10년 이상 병원을 드나들며 삶을 영위한다. 서울의 공기는 이미 숨 쉬기에 적합하지 못한 날이 많으며, 전국의 산야도 성한 곳이 많지 않다. 국토의 4분의 1을 국립공원으로 지정하여 특별히 차를 타고 삼림욕을 하러 가지 않아도 맑은 공기를 마시며 장수하는 코스타리카 사람들과 우리 중 과연 누가 더 행복한지 생각해 볼 문제다.

세계보건기구의 홈페이지에는 세계 각국의 연령별 사망률을 분석해 놓은 도표가 있다. 세계 어느 나라든 남성의 사망률이 여성의 사망률보다 높은 것은 이미 잘 알려진 사실이다. 그런 현상은 다른 동물 사회에서도 똑같이 일어난다. 자연계의 거의 모두 수컷 동물이 워낙 〈짧고 굵게〉 살다 가게끔 진화하다 보니 늘 경쟁의 연속의 삶을 살고 있다. 인간도 엄연히 포유동물이다 보니 이런 점에서 예외일 수 없다. 어느 사회든 한결같이 20대, 30대 남성의 사망률이 여성의 사망률에 비해 거의 세 배나 높다. 약한 자여, 그대의 이름은 남성이니라. 세계보건기구에 통계 자료를 제공한 모든 나라의 경우 이 같은 현상은 거의 완벽하게 동일하다. 어느 나라든 남녀의 사망률은 비슷하게 시작해 20대와 30대에 엄청난 차이를 보이다가 40대로 접어들며 서서히 비슷해지는 경향을 나타낸다. 경제력과 문화에 상관없이 포유동물의 특성이 인간 세계에도 적나라하게 드러난다. 그런데 그 그래프에서 유일하게 40대, 50대로 들어서며 남성의 사망률이 점점 더 치솟는 나라가 있다. 바로 대한민국이다.

우리는 스스로 〈은근과 끈기의 민족〉이라 부른다. 어떠한 난국이든 반드시 극복해 왔다. 역사가 그를 증명하고 있고 우리 스스로 우리의 근성을 믿는다. 이 같은 고난과 극복의 역사를 가진 집단의 성원으로서 이 현상을 다시 한번 생각해 보자. 대한민국이 세계 10위권 경제 대국으로 성장하는 동안 그 성원들의 삶의 질은 과연 어떠했는가. 근대화의 급물살 속에 우리 사회는 어느새 성원 한 사람 한 사람의 삶을 가치 있게 여기기보다는 효용가치가 떨어지면 가차 없이 버리고 새로 만들어 쓰는 부품 사회가 되어 버렸다. 그동안 우리 사회가 걸어온 길을 돌아보면 마치 미식축구 경기를 보는 것 같다. 혼신의 힘을 다해 적의 수비망을 뚫고 이제 막 터치다운을 하려는 순간, 졸지에 인터셉트를 당해 거의 출발선까지 물러서고 만다. 그렇다고 해서 주저앉을 수는 없다며 다시 무거운 몸을 추스른다. 하지만 급한 김에 공격을 너무 서두르다 보니 연신 심판의 호루라기가 울린다. 잇단 반칙에 전진은 고사하고 후퇴하기 바쁘다. 이것이 우리의 현재 모습이다. 열심히 일해 겨우 몇 발자국 가다 보면 국제 시장의 사소한 변동에도 발이 걸려 넘어지기 일쑤다.

나는 경제학자가 아니지만 우리 경제가 앞으로도 이런 악순환을 반복할 것이라고 말할 수 있다. 우리는 아무도 오지 않는 시골길 사거리에서는 신호등이 바뀌길 기다리는 것이 아니라 적당히 어기기도 했고 저 뒤에서 신호를 기다리고 있는 둔한 친구들을 비웃기도 했다. 그런데 왜 우리가 먼저 결승점에 도달하지 못하는 것일까?

우리는 자주 〈세계 최초〉 또는 〈세계 제일〉을 부르짖는다. 〈우리 아빠가 그러는데 우리나라가 세상의 중심이 된데요〉라던 어느 대기업의 이미지 광고를 기억한다. 세계 각국의 평화 문화 지수를 가늠해 보면 내로라하는 경제 대국들의 지수는 낮은 반면 덴마크, 네덜란드와 같이 국토도 작고 인구도 적은 나라들의 지수가 훨씬 높게 나온다. 우리도 그런 나라들처럼 작지만 삶의 질이 높은 나라가 되려고 노력하는 것이 보다 바람직하지 않을까?

어디로 가고 있는지도 모른 채 마냥 헐떡이며 달리기만 하는 일은 그만했으면 좋겠다. 현실적인 목표를 설정하고 삶의 질을 우선하는 정책들을 수립해 현명하게 살자. 사람들은 산에 가면 무조건 정상을 향해 돌진한다. 마치 그러지 않으면 산에 온 의미가 없는 것처럼. 학생들과 산행을 할 때도 비슷한 일이 벌어진다. 산악인이기 이전에 생태학자인 나는 자연히 산에 있는 온갖 생물들을 들여다보기 바빠 종종 중턱까지 가다가 하산하는 일이 많다. 몇몇 학생들은 언제나 불만이다. 산에 왔는데 정상을 정복하지 못한 것을 엄청난 수치로 생각하는 그들에게 나는 먼저 오르라고 허락한다. 하루를 마치고 저녁이 되면 우린 그날 관찰한 자연의 모습에 대해 토론하느라 여념이 없는데 헐레벌떡 정상에 다녀온 학생들은 아무 말도 하지 못한다.

2003년 1월 16일부터 18일 동안 나는 일본 도쿄에서 열린 〈신세기 문명 포럼〉에 참석했다. 모리 요시다 전 일본 총리가 주관한 이 국제 포럼에서 나는 〈호모 심비우스: 21세기의 새로운 인간상 Homo symbious : A New Image of Man in the 21st Century〉이라는 제목의 연설을 했는데, 종합 논평에서 포럼의 결론 개념으로 삼으면 어떻겠느냐는 제안이 나오는 등 기대 이상으로 큰 호응을 얻었다.

호모 심비우스 Homo symbious (共生人)의 개념은 2002년 여름 우리나라에서 열린 세계생태학대회에서 시민들을 위한 기조 강연 시리즈를 구상할 때부터 사뭇 구체적으로 내 마음속에 떠오르기 시작했다. 나는 그 기조 강연 시리즈에 〈21세기 새로운 생활 철학으로서의 생태학: 다스림과 의지함Ecology as the New Philosophy of Life in the 21st Century: Stewardship and Dependence〉이라는 이름을 붙이고 공생의 개념을 보다 널리 알리고자 했다. 도쿄 포럼에서 나는 내가 평소 이마에 써 붙이고 다니는 좌우명 〈알면 사랑한다〉와 『논어』의 한 구절 〈화이부동(和而不同)〉을 구체적인 실천 방안으로 제시했다.

그런데 신기하게도 마치 미리 짜기라도 한 듯, 중국 대표 역시 〈화이부동〉을 21세기 문명의 대안으로 제안했다. 다양한 삶의 주체들과 형태들을 인정하고 그들에 대해 더 많이 알기 위한 노력, 즉 생태학과 같은 학문을 통해 함께 사는 길을 찾아야 한다. 유전자의 눈높이에서 바라보는 생명은 언뜻 섬뜩하고 허무해 보인다. 그러나 그 약간의 소름 끼침과 허무함을 받아들이고 나면 스스로 철저하게 겸허해지는 경험을 하게 된다. 그러곤 자연의 일부로 거듭나게 된다.

지금 우리 인류가 저지르고 있는 환경 파괴와 온갖 잔인한 행동들을 보면 우리는 스스로 제명을 재촉하는 동물처럼 보인다. 코로나19 사태는 다가올 미래에 우리 인류가 겪을 끔찍한 상황의 예고편과도 같다. 일찍이 〈인간은 역사의 무대에 잠깐 등장하여 충분히 이해하지도 못하는 역할을 하다가 사라진다〉라고 했던 셰익스피어의 경고가 다시금 새롭다. 거듭나야만 살 수 있다. 나는 우리 인간이 이번 세기에 호모 심비우스로 거듭나길 기원한다.

나는 통일 한반도가 지난 수십 년 동안 걸어온 길을 반복하지 않았으면 한다. 물질 만능주의에 젖어 오로지 경제 개발에만 매진하다 파괴된 환경 속에서 콜록거리며 죽어가지 않았으면 한다. 우리가 걸어온 길에 대한 확신이 없는 한 통일이 된 후 북한 동포를 같은 길로 내모는 과오를 저질러서는 안 된다고 생각한다. 다시 시작하면 추구할 수 있는 새로운 가치들이 많이 있다. 나는 통일 한반도가 행복한 국가가 되었으면 한다. 그런 우리의 꿈은 DMZ를 보전하는 일에서 출발할 수 있다. 어서 빨리 남과 북의 정상이 만나 DMZ 보전에 관한 구상에 합의하고 한반도에 미래 지향적인 행복 국가를 건설하는 데 힘을 모아야 한다. 그러자면 통일 정책에도 통섭적 접근이 필요하다.

한반도 통일을 준비하며 DMZ에서 어떻게 자연 보전과 경제 개발을 조화롭게 이뤄 낼 수 있을까. 지극히 근원적인 얘기인지 모르겠지만 결국 자연과학과 인문학이 어떻게 슬기롭게 협업할 수 있는가에 달려 있다. 진리의 행보는 우리가 애써 세운 학문의 구획을 전혀 존중하지 않건만, 우리는 스스로 쳐놓은 학문의 울타리 안에 갇혀 진리의 옆모습 또는 뒷모습만 보고 학문을 한답시고 살고 있다. 나는 이제 우리 학자들이 학문의 국경을 넘을 때 여권이나 비자를 검사하는 거추장스러운 입국 절차를 생략할 때가 되었다고 생각한다. 통일을 향한 길도 다르지 않다고 생각한다.

두 반도 이야기 ― 잘린 반도와 끊긴 반도

반도(半島)란 한 면만 대륙에 연결되어 있고 삼면이 바다로 둘러싸인 육지를 일컫는다. 그런데 1953년 7월 군사 정전 협정 체결과 더불어 북한은 남쪽 면이 잘려 나가며 남해를 잃었고, 남한은 삼면이 여전히 바다로 둘러싸여 있긴 하지만 대륙과 연결 통로가 차단되어 사실상 거의 섬 신세가 되고 말았다. 북한은 이를테면 중미의 니카라과, 코스타리카, 파나마 같은 나라처럼 되어 버렸지만 여전히 서해와 동해 바다로 뚫려 있는 데 반해 우리는 대륙으로부터 완전히 떨어져 나왔다.

반도의 영어 단어인 〈peninsula〉는 라틴어 〈paeninsula〉에서 유래했는데, 〈paene〉는 〈거의〉라는 뜻이고 〈insula〉는 〈섬〉이다. 그리고 보면 반도는 한자로 보나 영어로 보나 원래 거의 섬인 셈이니 그리 애석해 할 것 없는지 모르지만 한반도의 우리는 지난 67년 동안 정치, 경제, 문화, 사회 면으로는 물론 자연 생태적으로도 상당한 피해를 입었다. 남북한을 가로막은 철책 때문에 대형 포유류가 이동에 가장 큰 제한을 받는 것은 사실이지만 분단되어 있는 동안 북한 경제가 거의 붕괴 수준에 이르다 보니 북한 생태계는 남한과 대륙을 이어 주는 생태 통로eco-corridor는커녕 단순한 육교land bridge 역할도 해주지 못하고 있다. 한반도 통일은 정치, 경제, 문화, 사회뿐 아니라 한반도를 포함한 동아시아 생태계에도 획기적인 사건이 될 것이다.

2014년 한국 이미지 커뮤니케이션 연구원의 문화 소통 포럼 〈CCF 2014〉에 참석하기 위해 한국을 방문한 독일의 생태학자이자 환경 저널리스트 카롤리네 뫼링Caroline Möhring은 8월 31일 『조선일보』와 가진 인터뷰에서 다음과 같이 말했다. 「독일 통일은 꿈처럼 갑자기 찾아왔습니다. 음악, 스포츠 그리고 환경처럼 소프트soft한 분야부터 하나 둘 교류하자 〈둑〉이 터지듯 어느 순간 〈통일〉에 가 있었던 겁니다.」 그는 또한 〈동·서독처럼 환경부터 협력해 보세요. 남북도 어느 순간 통일에 다가설 것〉이라고 강조했다. 분단 상황에서도 서독의 환경 단체들은 동독 지역에 가서 함께 조사도 하고 작은 음악회나 스포츠 대회도 열며 민간

차원의 소통과 협력 노력을 꾸준히 해왔다. 다짜고짜 통일을 전제로 남북이 마주 앉아 본들 실질적인 협상을 이끌어 내기 어려운 게 어쩔 수 없는 현실인데, 그 실마리가 바로 환경 분야의 협업에 있다는 제안은 매우 설득력 있게 들린다. 북한도 남한의 산림녹화 성공 사례를 잘 알고 있고 나무 심기에 지대한 관심을 갖고 있음은 잘 알려진 사실이다. 〈잘린 반도〉와 〈끊긴 반도〉의 생태계를 복원하고 이어 주는 노력을 기울이다 보면 어느새 통일 한국이 성큼 다가설지 모른다.

2018년 문재인 정부의 출범과 더불어 제시된 〈한반도 신경제 지도 구상〉 계획에 따라 2018년 세 차례의 남북 정상 회담(4월 판문점, 5월 판문점, 9월 평양), 2019년 〈6·30 남북미 정상 판문점 회동〉 등 일련의 한반도 평화 프로세스가 펼쳐지며 DMZ가 다시 주목받았다. 2019년 9월 25일 문재인 대통령은 유엔 총회 기조연설에서 DMZ를 〈인류 공동 유산〉으로 규정하고 〈DMZ 국제 평화 지대〉를 조성해 판문점과 개성을 잇는 평화 협력 지구를 지정하고 한반도의 항구적 평화 정착에 국제 사회가 동참해 줄 것을 촉구했다. 그 첫 단계로 DMZ 내에 평화·문화·생태 관련 국제기구를 유치하며 현재 남북한에 주재하고 있는 유엔 기구도 이전하는 방안을 제시했다. 2014년 10월 6~17일 강원도 평창에서 열린 제12차 생물다양성협약 당사국 총회에서 나는 의장 자격으로 연설대에 올라 〈DMZ는 더 이상 대한민국 땅이 아니다〉라는 도발적인 발언을 했다. 비유적 설명을 위해 나는 세렝게티 국립공원에서 벌어질 수 있는 가상현실에 대해 다음과 같이 얘기했다.

만일 탄자니아 정부가 어느 날 인구 증가로 인한 주택 문제를 해결하기 위해 세렝게티 국립공원을 폐쇄하고 그곳에 대규모 주거 단지를 개발하겠다는 대규모 토목 사업 계획을 발표했다고 합시다. 여러분이라면 어떻게 하시겠습니까? 탄자니아 국내 문제이니 개입할 수 없다며 그저 바라만 보실 건가요? 저는 그럴 리 없다고 생각합니다. 많은 세계인들이 들고일어날 겁니다. 한목소리로 탄자니아 정부의 근시안적 정책을 비난할 것이고 공원 부지를 살려내기 위해 대대적인 모금 운동도 벌일 겁니다. 세렝게티는 이제 전 세계인이 함께 누리는 생태 공간입니다. 대한민국의 DMZ도 마찬가지라고 생각합니다. 통일 한반도가 만일 DMZ 생태계를 살려내지 못한다면 세계가 용서하지 않을 것입니다. DMZ 역시 더 이상 대한민국 국민만이 누릴 수 있는 공간이 아닙니다. 이제 DMZ는 인류에게 속한 땅입니다DMZ now belongs to the humanity.

한반도 DMZ는 한마디로 〈역설과 모순의 땅DMZ paradox〉이다. 말로는 〈비무장〉 지대라고 하지만 세계에서 가장 〈중무장〉한 지역 중 하나다. 더욱이 거의 70년 가까운 시간 동안 인간의 접근을 금지한 덕택에 DMZ에는 온대 지방에서 가장 독특한 야생 생태계가 조성됐다. 몇 안 남은 분단국가로서 우리가 겪은 비운이 자연에는 더할 수 없는 행운이 된 셈이다. DMZ 내부 출입이 원칙적으로 허용되지 않은 상태에서 주로 인접한 민통선 지역과 접경 지역에서 실시한 생태 조사에 기반한 정보로도 100종이 넘는 세계적 멸종위기종을 포함해 6,168종의 야생 동식물이 서식하는 것으로 확인됐다.

나는 그동안 생물다양성협약 의장을 비롯해 생물다양성과학기구의 전문위원과 유엔기후변화협약의 명예대사로 봉사했다. 이런 국제기구와 생태와 환경 관련 국제회의에서 외국 동료들로부터 가장 많이 들은 칭송은 단기간에 이룩한 우리의 산림녹화 성공에 관한 것이었다. 내가 초등학교에 다닐 때만 해도 산을 초록색이 아니라 붉은색으로 그리는 아이들이 많았다. 불과 반세기 만에 우리는 남한의 거의 모든 산을 민둥산에서 숲으로 뒤덮인 산으로 변화시켰다. 이는 아무리 칭찬받아도 지나치지 않을 대단한 성과다.

1953년 정전 협정 이후 DMZ를 사이에 두고 남북의 산림 생태계는 극명하게 다른 길을 걸었다. 산림녹화에 성공한 남한과 달리 북한의 산림은 지속적으로 훼손돼 이제는 백두산 일대와 극히 일부 지역을 제외하고는 거의 모든 산이 다 민둥산이다. 언젠가 통일이 되면 북한 지역에도 대대적인 산림녹화 사업을 벌여야 할 것이다. 나는 북한의 산림녹화는 남한이 했던 산림녹화와는 다른 방식으로 진행되어야 한다고 생각한다. 물론 우리가 한 산림녹화가 근본적으로 잘못됐다는 것은 아니다. 어쩌면 그 당시 그 상황에서 우리가 할 수 있는 최선이었을 것이다.

그러나 우리가 북한의 산림녹화를 하게 될 때에 나는 생물 다양성과 군집생태학community ecology 관점에서 적어도 두 가지는 개선해야 한다고 생각한다. 민둥산을 푸른 산으로 만들어 외국의 칭송을 받을지라도 남한의 산림 생태계는 아직 안정적으로 건강한 상태에 이르지 못했다. 급한 나머지 너무 소수의 수종을 식재하는 바람에 다양성을 충분히 확보하지 못했다. 생태계의 건강성과 안정성은 다양성에서 비롯된다. 식재한 나무 대부분이 외국에서 들여온 수종이라 우리 고유의 생태계를 복원하는 데에는 처절하게 실패했다. 이는 산림의 동물 생태계와 미생물 생태계에도 치명적인 영향을 끼쳤다. 북한의 산림녹화는 식물종 다양성과 군집의 천이를 고려해 치밀한 마스터플랜을 수립하고 추진해야 한다.

이런 점에서 DMZ의 역할이 매우 중요하다. 한반도 생물 다양성의 상당 부분을 보유하고 있지만 지금부터라도 DMZ가 훗날 북한에 심을 식물을 길러 내는 양묘장 역할을 담당했으면 한다. 북한의 산림녹화는 우리 고유종으로 세심하게 기획된 생태 사업이 되길 기대한다. 생태학자의 역할은 통일 한반도에서 더욱 중요해질 것이다.

참고문헌

- 강호정, 『다양성을 엮다』, 이음, 2020.
- 박은진, 「제3장 DMZ 생태 자원과 가치」, 『DMZ 평화와 가치』, 대진대학교 DMZ 연구원 엮음, 도서출판 윤성사, 2020
- 최성록·박은진, 『DMZ 일원 주요 자원의 보전 가치 추정 연구』, 강원발전연구원·경기개발연구원, 2010
- 최재천, 『여성시대에는 남자도 화장을 한다』, 궁리, 2003
- 최재천, 『당신의 인생을 이모작하라: 생물학자가 진단하는 2020년 초고령 사회』, 삼성경제연구소, 2005
- 최재천, 『손잡지 않고 살아남은 생명은 없다』, 샘터, 2014
- 최재천·최용상, 『기후 변화 교과서』, 도요새, 2011
- 함광복, 「제2장 DMZ 인문자원과 가치」, 『DMZ 평화와 가치』, 대진대학교 DMZ 연구원 엮음, 도서출판 윤성사, 2020
- 환경부, 『DMZ 일원 생태계 보전 종합 대책 수립 연구』, 국립생태원, 2019
- 환경부·국립생태원, 『DMZ 일원 생물 다양성 종합 보고서』, 2016
- Choe, Jae Chun, "Digital contact tracing in South Korea"(2020), *Inference: International Review of Science*, Special Reports 2020
- Clements, F. E, *Plant succession: An Analysis of the development of vegetation*(Carnegie Institute of Washington Publication 242, 1916),

1-512

- Darwin, Charles, *On the Origin of Species*(London: Murray, 1859) [찰스 다윈, 『종의 기원』, 장대익 옮김, 사이언스북스, 2019]

- Drucker, Peter F, *Managing in the Next Society*(Routledge: New York, 2007)[피터 드러커, 『Next Society』, 이재규 옮김, 한국경제신문사, 2007]

- Ewald, P. W., *Evolution of Infectious Disease*(New York: Oxford University Press, 1996)[폴 W. 이월드, 『전염성 질병의 진화』, 이성호 옮김, 아카넷, 2014]

- Gleason, H. A., "The individualistic concept of the plant association"(1926), *Torrey Botanical Club Bulletin* 53: 7-26

- Goodland, R. J., "The tropical origin of ecology: Eugen Warming's jubilee"(1975), *Oikos* 26: 240-245.

- Gould, S. J., *Wonderful Life*(New York: W. W. Norton, 1989)[스티븐 제이 굴드, 『생명, 그 경이로움에 대하여』, 김동광 옮김, 경문사, 2004]

- Harari, Y. N., *Sapiens: A Brief History of Humankind*(London: Vintage, 2011)[유발 하라리, 『사피엔스』, 조현욱 옮김, 김영사, 2015]

- Hutchinson, G. E., "Homage to Santa Rosalia, or why are there so many kinds of animals?"(1959), *American Naturalist* 93: 145-159.

- Krebs, C. J., *Ecology: The Experimental Analysis of Distribution and Abundance*, 5th ed.(San Francisco: Benjamin Cummings, 2001)

- MacArthur, R. H., "Population ecology of some warblers of northeastern coniferous forests(1958)," *Ecology* 39, 599-619.

- MacArthur, R. H., *Geographical Ecology*(New York, NY: Harper & Row, 1972)

- MacArthur, R. H., and E. O. Wilson, *The Theory of Island Biogeography*(Princeton, NJ: Princeton University Press, 1967)

- Millennium Ecosystem Assessment, *Ecosystems and Human Well-being: Synthesis*(Washington, D.C.: Island Press, 2005)

- Perlman, D. L. and J. C. Milder, *Practical Ecology for Planners, Developers, and Citizens*(Washington, D.C.: Island Press, 2005)

- Russell, Edmund, *War and Nature: Fighting Humans and Insects with Chemicals from World War I to Silent Spring* (Cambridge: Cambridge University Press, 2001)
- Soule, Michael and Bruce Wilcox, *Conservation Biology: An Evolutionary -Ecological Perspective* (Massachusetts: Sinauer Associates Inc, 1980)
- Stiling, P. D., *Ecology: Theories and Applications*, 2nd ed (New Jersey: Prentice Hall, 1996)
- Warming, J. E. B., *Plantesamfund. Grundtraek af den okologiske Plantegeograft* (Kjøbenhavn: Philipsens Forlag., 1895)
- Wilson, E. O., *Biophilia* (Cambridge, Massachusetts: Harvard University Press, 1984)[에드워드 O. 윌슨, 『바이오필리아』, 안소연 옮김, 사이언스북스, 2010]
- Wilson, E. O. (ed.), *Biodiversity* (Washington, D. C.: National Academy of Sciences, 1988)
- Wilson, E. O., *Consilience: The Unity of Knowledge* (New York: Vintage, 1998)[에드워드 O. 윌슨, 『통섭: 지식의 대통합』, 최재천·장대익 옮김, 사이언스북스, 2004]

지은이 **최재천** 평생 자연을 관찰해 온 생태학자. 서울대학교에서 동물학을 전공하고, 미국 펜실베이니아 주립 대학교에서 생태학 석사 학위를, 하버드 대학교에서 생물학 박사 학위를 받았다. 미시간 대학교와 서울대학교 교수를 거쳐, 현재 이화여자대학교 에코과학부 석좌교수와 생명다양성재단 대표를 맡고 있다. 하버드 재학 시절 세계적 학자인 에드워드 윌슨의 제자였으며, 그의 책 『통섭』을 번역하여 국내외 학계에 이 개념을 널리 알리고 있다. 저서로 『생태적 전환, 슬기로운 지구 생활을 위하여』, 『생명이 있는 것은 다 아름답다』 등이 있다.

손안의 통일 ⑪

생태의 시대와 DMZ

발행일 2021년 12월 30일 초판 1쇄

지은이 **최재천**
발행인 **홍예빈·홍유진**
발행처 **주식회사 열린책들**

경기도 파주시 문발로 253 파주출판도시
전화 **031-955-4000** 팩스 **031-955-4004**
www.openbooks.co.kr

Copyright (C) 최재천, 2021, *Printed in Korea.*
ISBN 978-89-329-2195-2 04300 ISBN 978-89-329-1996-6 (세트)